# 世界一わかりやすい
カラー改訂版
# 英語の勉強法

JN039815

関 正生
スタディサプリ講師

KADOKAWA

# はじめに

この本は、2011年に出版された『世界一わかりやすい　英語の勉強法』の改訂版です。ネットで様々な情報が無料であふれ返る中、あえて書籍で情報を発信する以上、決して「勉強法の単なる紹介」に終始するのではなく、徹底的に研究と精査を重ねた情報、プロだからこそ思いつき、授業の中で試されてきた方法論、そして、いままで数百万人に英語を教えることで得られた経験を提供する必要があると考えています。そしてそれは実際に、この10年ほどの間に多くの方に読まれ、評価をいただいてきました。

ただ、10年ほどの時間がたてば、いろいろなものが変化します。英語学習を取り巻く環境も、スマホの普及・アプリの増加・ネットコンテンツのサブスクリプションサービス（月払いなどの定額制サービス）などが当たり前となりました。

ボク自身の指導環境も大きく変わり、以前は毎日全国の予備校を（文字通り飛行機で）飛び回り、「1週間に2000人を教える英語講師」という肩書きで始めたのが、この『世界一わかりやすいシリーズ』でした。しかしいまではスマホで授業を受講できる、オンライン予備校『スタディサプリ』の講師として、年間で100万人以上の人に英語を教えるまでに状況が変わりました。

改訂前の本を書いたときは35歳で、まだギリギリ「英語を教えるお兄さん」として生徒から認識されていたのですが、現在45歳を前にして、高校生から見たらどう見てもオジさんであり、自分たちの父親と変わらない年齢になっています。ですからボク自身も「あぁ、こんな青臭いこと書いてたのか」とか「黒歴史は改訂では消してしまおう」とか「若気の至り、ここに極まれり、だろうなあ」と思い、今回を絶好の機会と考え、本の内容をいろいろと手直しするつもりで改訂作業に臨み、改めて一字一句本文を読み直してみました。


ところが実際には、驚くほど変更箇所がなかったのです。

ちなみにオススメの教材に関しては、アプリ・動画などの追加や、新たな優れた本を取り入れるなどの作業はたくさん行いましたので、結果的には新たな様相を呈した仕上がりになり、改訂によるパワーアップを達成できたので、改訂前の本をお持ちの方にも有益な情報を提供できると思います。しかしながら「英語の勉強法・方法論・考え方」に関しては、まったく変更する必要がありませんでした。

言い換えれば、10年という時間の試練と、読者からの厳しい目に耐え抜いた「自分の英語勉強法」に改めて自信を持てることになりました。ここまでくれば、今後10年、20年、我々を取り巻く環境やガジェットが変わることはあっても、「この本の勉強法はずっと通用する！」と断言できる自信を持ってこの本をお届けできると思っております。

英語を勉強するみなさんの貴重な時間と気力を1ミリもムダにすることのない勉強法を、この本の中で見つけてもらえることを願っております。

関《せき》 正生《まさお》

カラー改訂版　世界一わかりやすい英語の勉強法――［もくじ］

はじめに……003
本書の特長……012

## Part 1 語学に必要な「メンタル」を鍛えよう！

1 英語で「もうひとりの自分」を手に入れる……016
2 大事なのは「英語をキライにならないこと」……020
3 勉強は3日続けばとりあえずOK！……024
4 自信をなくす必要はまったくない2つの理由……028

5 「TOEIC®900点でも仕事で使えない」はなぜ起こる?……032
6 集中力が高まる「本気モード」の勉強法……042
7 「語学に終わりはない」からこそ自分でゴールをつくる……046

## Part 2 世界一わかりやすい「単語・熟語の勉強法」

1 英単語は「リアリティ」で覚える……050
2 英単語を覚えるコツは「欲張りすぎない」こと……054
3 1カ月に6回、同じ単語に目を通す……058
4 単語は0.1秒で意味が言えるまで繰り返す……063
5 誰でも1カ月で1000単語覚えられる方法……067
6 理屈がわかれば熟語の暗記量は激減する……078

Part 3

## 世界一わかりやすい「文法・リーディングの勉強法」


1 ネイティブにも日本人にも「英文法」は必要……084
2 文法がわかればムダな勉強時間が減る……088
3 読むスピードが速くなる「3つの力」とは……094
4 お気に入りのあのマンガ・小説で英語が勉強できる……101
5 英字新聞はとにかく気楽に読む……104

Part 4

## 世界一わかりやすい「リスニング・発音の勉強法」

1 「4つの知識」で英語が聞こえるようになる……110
2 1段上を目指すならシャドーイングを毎日やる……118
3 ボクが人生で一番聞き込んだ、とっておきの教材……124
4 ニュース英語の聞き取りは「雑誌」がベスト……128
5 リスニングに有効な動画サイト……131
6 発音記号を覚えると英語の音を聞き分けられる……134

## Part 5 世界一わかりやすい「ライティング・スピーキングの勉強法」

1 英文は「子どもに説明する」発想で書く……142
2 英会話に「決まり文句の丸暗記」は必要ない……147
3 会話の間をつなぐキラーフレーズを覚えておく……151

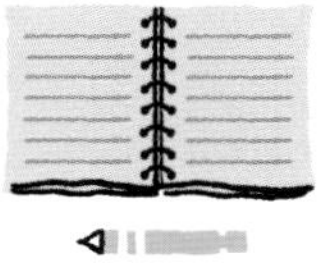

4 「書く練習」が英会話にブレイクスルーを起こす……154
5 声の大きさが伝わりやすさを決める……160


## Part 6 プロ講師の「学習ツール活用法」

1 本に書いてあることがなかなか覚えられない理由……164
2 参考書・問題集は一気にやって、繰り返す……168
3 いい辞書は勉強の効率をぐんと上げる……176
4 ネイティブ講師には自分から指示を出す……184

# Part 7 基礎トレーニング後の「英語の試験対策」

1 資格試験には、とりあえず申し込む……190
2 知っておきたい試験中のささいな話……192
3 英検®は「基礎力」と「度胸」で突破する……198
4 TOEIC®テストってどんな試験？……206
5 世の中にたくさんあるTOEIC®本のオススメはコレ！……210
6 留学希望者のための試験、TOEFL®・IELTS……213
7 ビジネス英語は3つのポイントを押さえて乗り切る……216
おわりに……221

※本書に掲載されている書籍・アプリ・動画等の情報は、すべて2020年6月現在のものです。

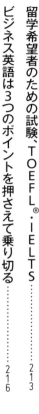

# 本書の特長

## 特長 1
## プロの視点による勉強法

「勉強法」の本って、なぜか「英語のプロ」が書くことがほとんどありません。また、ネットにもたくさんの情報があふれています。そこでこの本では、ボクが持つ「プロの視点」から、何万人もの学生・社会人に支持された方法論をすべて公開することで、無料の情報とは一線を画す本になっています。

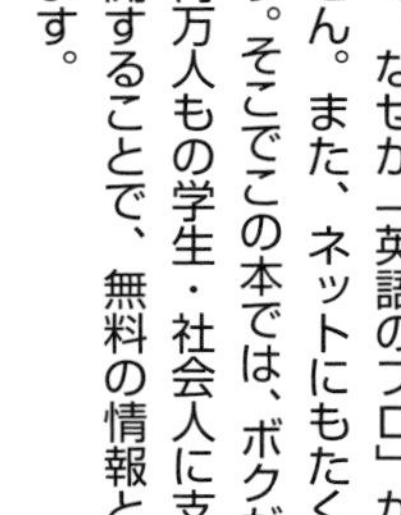

## 特長 2
## 実体験から生まれた方法論による勉強法

ボクにとって英語学習に関する出費は、「義務」であり、「必要経費」であり、「趣味」でもあります。いままでかなりのお金をかけました。本は2500冊。アニメのDVDやゲーム機器まですべて自分でチェックしました。留学もせずスクールにも通わず、「完全独学」で1000万円以上を英語学習に使った人は、日本だけじゃなく世界中探してもそういないと思います。

ボクの目で見て、ボクの頭で考え、ボクのサイフから出したお金で、ボクの時間を使って実験したものです。「実体験としての感想がにじみ出れば」という思いでこの本を書きました。

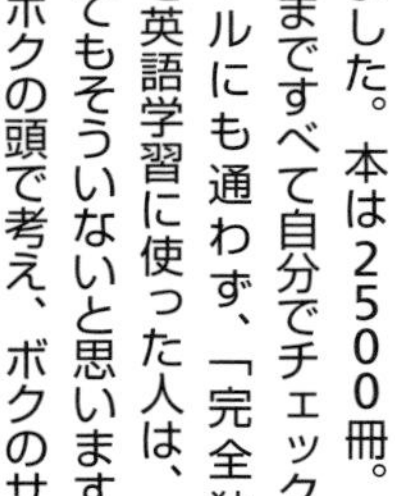

特長 3

## 独学でできる勉強法

断言しますが、日本で英語は学べます。

ボク自身、短期留学はおろか、28歳まで海外旅行すらしたことがなく、すべて独学で英語を勉強してきました。「日本で」「独学で」を大前提にした勉強法だけを紹介しますので、誰にでも始められますし、忙しい社会人がすぐできることばかりです。

特長 4

## 「英語好き」を前提としない勉強法

英語の勉強法といえば「アメリカ大統領のスピーチ」や「海外のニュース」などをメイン教材として紹介するものが多いのですが、正直ボクはこういったものに興味がありません。海外ドラマすら10分で挫折しました。

ボクみたいな人はたくさんいると思うので、すべてボク自身が面白いと思ったものだけをオススメしています。また、スマホのアプリも紹介しますが、本書では良書中の良書をメインに紹介します。それを使うことが英語をマスターする一番の方法だと信じているからです（オススメ教材の中にボク自身の本も入っています。世の暗記英語を打ち砕くために全力で書いた本ばかりです。ぜひご覧いただければと思います）。

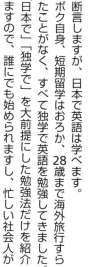

デザイン／上田宏志［ゼブラ］
本文イラスト／ツダタバサ
DTP／フォレスト
図版／沖元洋平
校正／エディット
編集協力／荒木久恵

# Part 1

# 語学に必要な「メンタル」を鍛えよう！

「2年前、58歳から英語の勉強を
始めたんだ。必要になるときがあるからね。
特にいま君と話すためにだよ」

メキシコシティー（メキシコ）の紳士なタクシードライバー

# 1 英語で「もうひとりの自分」を手に入れる

## ★英語をやる最大のメリットとは

世間では「英語ができるとたくさん情報が入る」「○億人の人と友だちになれる」と言われます。確かにそれもいいのですが、英語ができるメリットは、ハッキリ言ってそんなものではありません！★

自分の中で覚醒が起きるんです。

英語を勉強することで、日本語だけでは見えなかった英米人の思考が見えて、自分の価値観が劇的に広がります。「もうひとりの自分」とでも言うべき「複眼的思考」ができるようになるんです。

★友だちをつくるために一生懸命勉強するなんて、寂しすぎますよね。

たとえば、Good morning. の本当の意味を知るだけで視野が広がります。世間ではGood morning. は「おはよう」と習います。でも、直訳すると「よい朝」のはずですよね。なのに「おはよう」と覚えさせられる……。

実は、**英米人にとってのあいさつは「お祈り」**です。
Good morning. の前には"I wish you a"が省略されています。
本当は、{I wish you a} good morning. なんです！
ですからGood morning. の本当の意味は「あなたに good な morning が訪れることをお祈りしています★」なんです。

一方、日本人のあいさつは「事実描写」です。天気が悪ければ「ひどい天気ですね」と言います。朝のあいさつは「朝からお早くいらっしゃいましたね」の「お早く」が「お早《はよ》う」になったんです。
英語の"Good morning."（お祈り）と、日本語の「おはよう」（事実描写）は発想が全然違うんです。

---

★その証拠に、天気が悪い朝でもネイティブは"Bad morning!"なんてあいさつはしないはずです。どんな状況でも、英語のあいさつには前向きな言葉（good）しか使われないんです。

こういう違いを知ると、**いままでとは違った視点でモノを見ることができる**ようになるんです。これこそが「異文化理解」であり、本当の「国際化」につながるんです！

これから Good morning. を使うとき、「お祈り」だと意識して言ってみてください。ちょっとテレくさいけど、でも「優しいキモチになれる」ならば、それが「価値観が広がった」証拠なんです！

**今日からは…**

**英語で「違った視点」を手に入れて、自分の世界を広げよう！**

## 言葉は「思考」を反映する

### 英米人のあいさつは「お祈り」

### 日本人のあいさつは「事実描写」

▼

英語ができると、
英米人の思考が見えてくる!

## 2 大事なのは「英語をキライにならないこと」

### ★「例外ルール」はムリして覚えなくていい

英語の勉強で一番大事なことは「英語をキライにならないこと」です。一度キライになってしまうと、モチベーションが下がり、勉強を再開するのに猛烈なパワーを使います。というより普通は挫折しちゃいます。

ですから、参考書を読むときには「文法の例外」だの「例外的な単語の意味」なんて全部無視して大丈夫です。

本来、**「例外」とは壁にブチ当たったときに覚えるもの**なんです。困ったときに例外を覚えるほうが、頭にスッと入ります。

多くの英語の先生は、とにかく几帳面で心配性なんです。「9割がたうまくいくルール」があっても、そのルールを使いこなす方法を教えるのではなく、例外の説明に躍起《やっき》になっちゃうんです。★

野球を始めた少年に、いきなりヒットエンドランなんか教えたりしませんよね。いきなりフォークの投げ方を教えたりしませんよね。

例外ばかり教えようとするのは、たとえるなら、少年野球で「野球の楽しさ」「ストレートの投げ方」を教えてる横から、「そんなんじゃ、メジャーリーグで勝てねえぞっ」とチャチャを入れるようなものなんです。

英語を25年間教えてきた経験から断言しますが、**「例外のルール」なんて無視して大丈夫です。英語をやっていくうえでほとんど困りません。**

まずは基本（野球で言うならストレートをちゃんと投げられること）だけに集中するべきです。

---

★ボクの本でも「細かい例外が載ってない」と同業者から言われることがありますが、ボクとしては「その例外載せるからみんな挫折するんじゃぁ！」と思ってます。

## ★少しでも前に進めれば、今日の勉強は成功

私的な話ですが、ボクの趣味はビリヤードで、30年以上続けてます。★
ビリヤード場で大学生ぐらいのカップルをよく見かけますが、はじめてビリヤードをやる彼女に、彼氏は絶対にナインボール★をやらせてます。

彼氏はムキになって、絶対に入れられないような位置にあるボールを「次はこれを入れるんだよ」と言ってます。そんなことするから、彼女は「ビリヤード超つまんない」って思っちゃうんです。

ボクの考えですが、台の上にボールをばらまいて「好きなのから狙ってみ♪」と言ったほうが、彼女はビリヤードを好きになってくれます。楽しんでくれます。続けてくれます。

続けてくれれば上達します。上達すればさらに続けられます。

---

★ M　ソキュー」まで持ってるぐらいです。

★ ナ　インボール」とは、1番から9番まで番号順に入れていく、実は「通好み」のゲームです。男性のみなさん、彼女にナインやらせましたよね。女性のみなさん、このゲームをやらされましたよね。

ある程度上達すれば、もっとうまくなるために、多少のつらさには耐えられます。「できたときの楽しさ」を知っているので、続けられるんです。

**英語も同じです。「キライにならないこと」が一番大事**です。

例外なんて無視して前へ進みましょう。

キライにならずに前に進めれば、今日の勉強は成功です。

少しでも前進したら、それが進歩です。

ボクは普段から、仕事の合間に少しでも英語の勉強ができたら「今日も勝った」とか思ってます。続けるにはこういう「うぬぼれ」も必要です。

こういう姿勢で勉強したほうが楽しいですし、実際に勉強の効率も上がるはずです。

## 今日からは…

**「例外のルール」なんて無視しても実際には困らない！**
**まずは「前に進むこと」が大事!!**

# ③ 勉強は3日続けばとりあえずOK！

## ★3日坊主でも、10回繰り返せば1カ月分になる

**「3日坊主」はアリ**だと思います。

「3日だけでも勉強した」という事実を大切にすべきです。

ただし、3日だけで永久に勉強をやめてしまっては当然英語をマスターできませんから、さらに3日勉強する「しかけ」が必要です。

3日坊主でも10回繰り返せば、それは1カ月分の勉強になります。

続けるためには、勉強中は徹底的に自分を甘やかすべきです。

多くの人は「くつろぐときは徹底的に快適にする」のに、「勉強のとき

はやたらつらい状況に自分を置く」ような気がします。たとえば、DVDはソファでケーキを食べながら見るのに、勉強するときのイスは固くてお尻が痛く、食べたいものもガマンする……、これでは、ただでさえつらい勉強が、もっとつらくなっちゃいます。

勉強の「途中」で自分にごほうびを出すのもアリです。普通は勉強が終わったごほうびにケーキを食べるのでしょうが、ボクの場合、勉強中の苦痛を取り除きたいので、ノルマを半分達成した時点でケーキを食べちゃいます。その余韻で残り半分のノルマを乗り切ります。★

**自分に合った勉強法を見つける**ことは、ものすごく大事なことなんです。

## ★モチベーション維持は「2種類の妄想」で

ヤル気になるときって、明るい妄想（成功イメージからヤル気アップ）と暗い妄想（失敗イメージの恐怖から頑張れる）の2つがあります。

★ニンジンぶら下げて頑張る」のではなく、「途中でニンジンを食べて馬力が出る」人もいるはずです。

これを「両方」利用しちゃいましょう。1日1回5分間、成功イメージ（英語ができるイケてる自分の姿）と失敗イメージ（結局サボって英語力が伸びてない自分の姿）を「できるだけリアルに」想像してください。

もっと言えば、イメージだけじゃなく、そうなったとき自分がどういう行動を取るのかまでイメージし、実際にその行動を取ってみてください。

成功したらどれだけテンション上がるのか、失敗したらどれだけ落ち込むのかが感じられ、ヤル気がアップするはずです。★

今日からは…

**3日坊主でもいいから、続ける「しかけ」をつくる！**
**そのために勉強中は自分を甘やかす‼**

---

★授業でこの話をすると、概して男子生徒は「失敗イメージ」から勉強やらなきゃと思い、女子生徒は「成功イメージ」からヤル気になることが多いですね。

## モチベーションの上げ方

### ①勉強中は自分を甘やかす

### ②成功イメージと失敗イメージを想像する

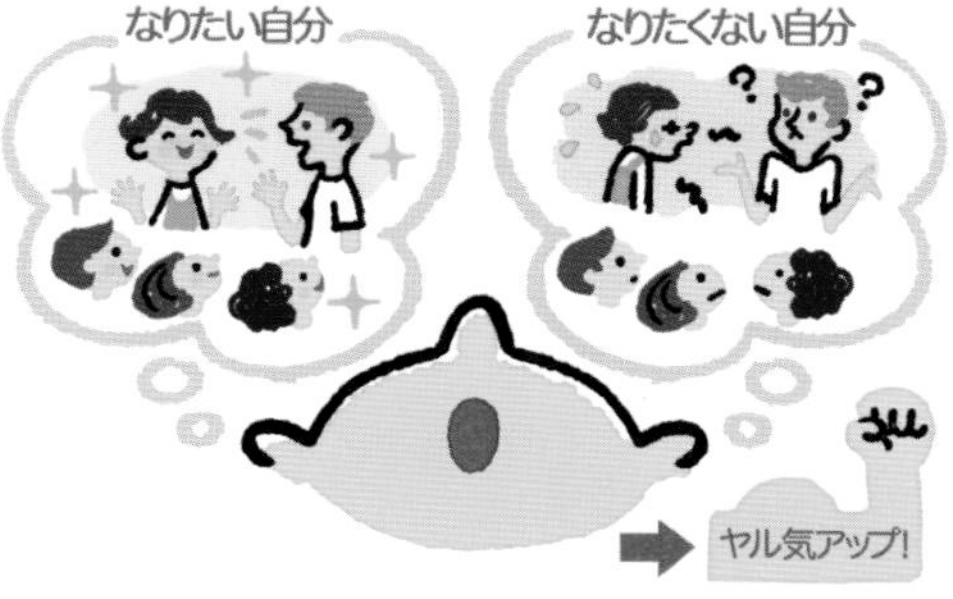


勉強を続けるための
「しかけ」をつくるとヤル気アップ

# 4 自信をなくす必要はまったくない2つの理由

## ★なぜオレンジジュースを頼んだのにコーヒーが出てくるのか

英語の勉強はヘコむことの連続です。ちゃんと勉強したのに、子どもやファーストフードの店員に通じないと、やたらヘコんじゃいます。

でも実は、そういう**日常会話が一番難しい**んです。

ビジネスなら相手にも共通の知識があるので、こちらの話をちゃんと聞いてくれますが、子どもやファーストフードの店員はハナから聞く気がないことが本当によくあります。★

「オレンジジュースを頼んだのにコーヒーが出てきた」なんて失敗談もよ

---

★聞く気がない相手に通じなくても、ヘコむ必要はまったくありません。

く聞きます。でも実は、英語圏のレストランでは Can I get you some coffee to start?「まずはコーヒーでもどう?」って発想が多いんです。だから日本人（彼らから見たら外国人）の注文が聞こえないときは「とりあえずコーヒー出しときゃいいだろ」って思うんだと思います。

こういう**文化背景を知っていれば、ムダにヘコむことなく、もっと自信を持って勉強できる日本人は増えるはず**です。

日本のお店でだってオーダーミスぐらいよくあります。こういう場面で通じなくても、自信をなくす必要はまったくありません。

## ★「忘れる」のは脳が正常な証拠

「どうしても単語が覚えらんない」って悩みは本当によく聞きます。でもほとんどの場合、2～3回サラッと見るだけで「どうしても覚えらんない」と言っちゃっているのです。

断言しますが、**2〜3回で英単語が覚えられたら天才**、むしろ変態です。数回やっても忘れちゃうのは、正常な脳ミソだという証拠です。日々大量の情報を処理する人間の脳ミソは、基本的に、忘れることを前提にしているからです。★

単語を覚えるには想像以上の時間がかかるんです。

中学のときは同じ単語が毎日出てきますから、comeを「来る・来る・来る……」なんてやらなくても覚えられました。だから、「英単語は数回で覚えられる」って錯覚しちゃうんです。

みんなそこを誤解して「単語帳3回もやったのに、全然できない（涙）」と思ってしまいます。さらにマズイのは「自分には向かない」「記憶力が悪いの？」「やっぱり年齢のせい？」と自分を責めて、最後は「暗記が苦手」って自己暗示をかけちゃうんです。

自分の記憶力・年齢を疑いだすと、勉強の軸がブレてモチベーションが下がります。あげく「もっと記憶力をよくするには？」って考えだしちゃ

---

★ 1週間前に通勤電車で隣に座った人のネクタイの色まで覚えてたら、脳ミソはパンクします。もっと大切な情報が入ってこなくなっちゃうからです。

います。

**「記憶力をよくする」「年齢に勝つ」というのは人類永遠の課題です。そんな課題と戦うより、「英語」と戦ったほうがはるかにラクです。**

ですから、ヘコむ必要はありません。まずは「それなりに時間がかかる」ということを認識して、確実な方法で勉強を進めていってください（単語についてはPart 2でくわしくお話しします）。

## 今日からは…

**日常会話は難しいものと心得る！**
**「記憶力」や「年齢」よりも「英語」と戦う‼**

# 5 「ＴＯＥＩＣ®900点でも仕事で使えない」はなぜ起こる？

## ★誰の言葉を信じればいいの？

英語学習には、様々な「俗説」があります。

「受験英語は使えない」
「ＴＯＥＩＣ９００点でも仕事で使えない」
「〝使える英語〟を学ぼう」
「留学が一番」

誰もが言いたい放題。どれを信じていいかわかりませんよね。★

---

★根拠のない俗説を真に受けて、ヤル気をなくす必要はないんです！

英語をやる目的はたくさんあります。「大学受験」「資格試験（英検やＴＯＥＩＣなど）」「ビジネス」「留学」「海外旅行」「字幕なしで映画を見たい」「洋書を読みたい」などなど。

どれも「英語」としての基本は同じですが、少しずつ違う面もあります。

たとえば「英語の世界」＝「格闘技の世界」として考えてみると、「ＴＯＥＩＣは柔道」「ビジネス英語はプロレス」です。

どちらも格闘技ではありますが、**「ルールが違う」**んです！

ＴＯＥＩＣ９００点の人は、柔道で言うと８段です。でもビジネスで英語を使うというのは、柔道家がプロレスの試合をするようなものなんです。

柔道８段だから、プロレスでも余裕で勝てると思ってたら、いきなりドロップキックされた、みたいなものです。面食らってるうちに場外に連れていかれて、パイプいすで殴られます。柔道の達人（ＴＯＥＩＣ９００点）

でも、プロレス（ビジネス英語）ではまったく歯が立たないかもしれないんです。

そこでヤジ馬が言うんです。「柔道８段なのに超弱いじゃん」って。

けれども、柔道とプロレスでは、必要なワザも違います。そこをわかってないヤジ馬が揚げ足を取るんです。

逆に言えば、プロレス特有のルール（ビジネス英語特有のルール）さえ知っていれば、柔道で培った基礎体力を生かす方法はいくらでもあります。

また、柔道８段（ＴＯＥＩＣ９００点）のＡさんより、柔道は初段（ＴＯＥＩＣ６００点）でも現場で犯人を追ってる（海外経験豊富な）警察官のＢさんのほうが、いざガチンコのケンカ（海外旅行）になれば勝ってしまうでしょう。

ＴＯＥＩＣ９００点のＡさんより、６００点のＢさんのほうが海外でうまくコミュニケーションを取れるのは、実はこういうことなんです。

## ★「使える英語」なんて言葉にダマされるな

こういうことを考えもせず「TOEIC高得点でもダメ」「もっと使える英語を」なんて無責任なことを言う人がすごく多いですよね。

こんなことを言われると、「TOEICの勉強しても意味ないのかなぁ」とか「使える英語って何?」と迷いが生じて、せっかくマジメに勉強してるのに、余計な雑音に足を引っ張られちゃうんです。

**世間の「使える英語」なんていうのは「どこでどう使えるのか」を定義しないで、商売目的に使われる実体のない幻想**です。たとえるなら、ひとりで「柔道8段・空手8段・横綱・ボクシングヘビー級チャンピオン・総合格闘技チャンピオン・ケンカ無敗」みたいな人です。★

---

い★
るわけねぇ。

### ●TOEICテスト=柔道

合否ではなく点数で実力を示す「TOEICテスト」は、「初段」などという形で実力を示せる「柔道」です。

### ●TOEFL・IELTS=空手

興味がない人には、柔道（TOEIC）と空手（TOEFL・IELTS）の区別がつかないでしょう。TOEICは日常生活の英語・ビジネス英語、TOEFL・IELTSは留学用の英語（海外の大学で論文を読む力が必要）です（くわしくはPart 7）。

### ●映画・洋書=総合格闘技

容赦ない会話のスピードでスラング連発の「映画・洋書」は、打撃・寝技なんでもアリの「総合格闘技」です。いろんな知識があるほうが深く楽しめます。

### ●海外旅行=ケンカ

ジェスチャーだろうとなんだろうと、ホントになんでもアリの「海外旅行」は、「ケンカ」です。「通じれば勝ち」です。

## 英語の世界を格闘技にたとえると……

### ●受験英語＝ボクシング

大学別に難易度が分かれて合否を競う「受験英語」は階級ごとにベルトを競う「ボクシング」です。ボクシング経験者は基礎体力（基礎英語力）がしっかりしており、試合前の減量（試験前の禁欲生活）に耐えた強みを持っています。

### ●ビジネス英語＝プロレス

英語以外にもいろんなスキル・人格も必要とされる「ビジネス英語」は、魅せる技術も必要な「プロレス」です。タッグを組む相手（同僚）や場外乱闘（酒を飲みながら）が勝敗の大きな要因になることも。

### ●英検＝相撲

英語力の証しとして昔から使われる「英検」は「相撲」です。日本人の勉強（学校や受験）と相性がよく、実力の証明には十分ですし、根強いファンがいるのも事実。

どの格闘技であっても基礎体力が必要です。つまり**どういう目的でも英語をやる以上「英語の基礎体力」はまったく同じ**です。

「TOEIC○○点」とか「仕事で英語を使う」と言う前に、むしろそういう必要があるからこそ、基礎体力養成を優先してください。

具体的に言うと**「英検2級」**までは、どんな目的であっても、避けては通れない基礎トレーニングです。

## ★どういう順番で勉強すればいい？

この本は「一番効率よく勉強できる順番★」で書きました。

Part2で、まずは「単語・熟語の覚え方」を説明します。

Part3は、文法と英文解釈で「英語のルール」を学び、正確に英語を読み取り、返り読みしないリーディング力のつけ方を説明します。

★ 勉 「勉強する順番」って、なぜかあまり語られないですよね。

Part 4では、返り読みしない力を土台に、リスニングの勉強に入ります（リスニングでは返り読みなんて絶対にできないからです）。

Part 5では、「リーディング力・リスニング力」を土台に、「ライティング・スピーキング」の勉強に入ります。

「読めない」英語を「書ける」わけがありませんし、「聞けない」英語を「話せる」わけがありませんよね。そして、ゆっくりでも「書ける」ようになれば、その瞬発力を上げていくことで「話せる」ようになるわけです。

Part 6では、基礎トレーニングを効率的にこなすための「道具」を紹介します。

基礎体力をおろそかにしてワザの習得ばかり目指しても、うまくいきません。逆に、基礎がしっかりしていると、素早く順応できます★。

この基礎トレを終えてから、それぞれの格闘技（それぞれの目指す英語）を開始すればOKです（Part 7）。

★特別に対策していないのに、いきなりTOEIC 900点取れちゃう人もいますよね。

「使える英語」なんて無意味な言葉に惑わされず、まずは基礎トレーニングをじっくりやってください。

今日からは…

**英語は目的によって必要なスキルが異なる！まずはどんな英語にも必要な「基礎体力」を養おう‼**

## 基礎をつくるトレーニングの順序

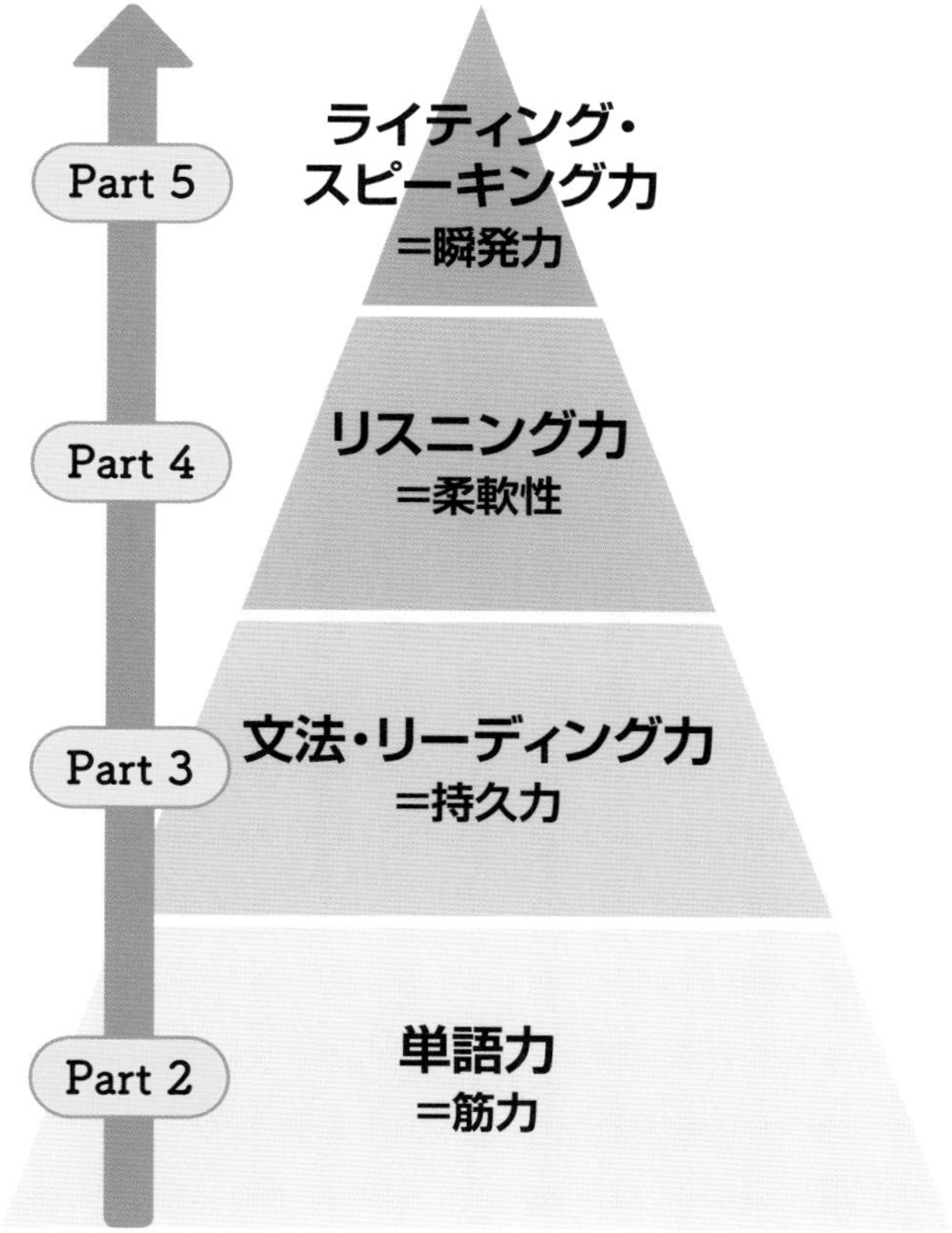


**単語→文法・リーディング→リスニング→ライティング・スピーキングの順に勉強するのが一番効率がいい！**

# ⑥ 集中力が高まる「本気モード」の勉強法

## ★電車での勉強は「到着アナウンスから」が勝負！

最初のうちは「まずは英語に触れる」ことが大事ですが、いつかは本気にならないといけないときもくるでしょう。そのときのために、普段大学受験生に話している「本気モード」★の勉強法をここで話しておきます。

生活の中に勉強を取り入れると、勉強時間が劇的に増えます。

電車でスキマ時間を利用して勉強している人は多いと思いますが、本気で勉強するのであれば、電車を降りる最後の最後まで時間を有効活用してください。**「次は○○駅です」というアナウンスがあっても勉強をやめず、む**

★「お、何コイツ!? 急に超怖《こえ》ぇ」とか言わずに、読んでみてください。

**しろそこからラストスパートをかけましょう。**そこからが勝負です！

到着ギリギリまで英語に集中します。あせりながらギリギリまでやる訓練はメンタル面の強化★にもなり、集中力が上がって勉強の効率もよくなります。

電車から降りるとき、覚えたい英単語を頭の中に詰め込んでから降ります。駅のホームを歩いてるとき、階段を昇り降りするときに、ひたすらその単語を頭の中で反復します。

普段からこういう習慣をつけておくと、暗記モノの定着度が劇的に変わります！　理想は実際に声に出すことです。ブツブツしゃべっていても、誰も注目はしません★（経験談）。それでも恥ずかしいなら、スマホで話してるフリでもすれば、まったく問題ありません。

---

★時間に追われるTOEIC本番の練習にもピッタリです。実際試験を受けたことがある人はわかるでしょうが、ラスト10分では時計ばかりチラチラ見てしまい、英文に集中できないものです。普段からギリギリの状態で英語を読む習慣をつけておけば、本番ラスト10分に強力な集中力を発揮できます。

★授業でこの話をしても高校生はやっぱり自意識が強いのか、なかなかマネしてくれないのですが、やってさえもらえれば効果バツグンです。何よりも机に向かってする勉強時間が減りますよ！

## ★本を閉じなければすぐ「戦闘態勢」に入れる！

普段から参考書・問題集は閉じないほうがいいです。

たとえば、電車があと2分で来るとしたら、普通は「ラッキー♪」と思うだけでボーッとしてるか、スマホいじってるかだけですが、実際2分あればかなりの勉強ができます。まさに「ちりも積もれば……」で、1日の中にこういう時間は山ほどあります。

もし本をきちんと閉じていたとすると、カバンの中を探して、さらに本をペラペラとめくってるうちに、あっという間に電車は来ちゃいます。行儀は悪いのですが、本を開いたままカバンに入れておけば、すぐにそのページを見ることができ、一瞬で戦闘態勢に入れます。

それでも「本を開いたまんまなんて……」という方は、単語一覧や要点のまとめなどをコピーしておいて、その紙を常にポケットに入れておきましょう。コンビニでレジ待ちしている時間や信号待ちでも勉強できるので、ものすごく時間を有効に活用できます。★

スキマ時間の有効利用はよく言われることですが、実際ここまでやってはじめて、劇的な効果が出るんです。ボクはこの方法を20年以上続けていますので、これだけですさまじい数の単語を覚えたと思います。

## 今日からは…

**本気モードで「電車を降りる直前まで」「歩きながら」「レジ待ち」「信号待ち」でも勉強しよう!**

★ た ぶんこれだけで、1日40分くらい勉強時間が増えると思います。

# 7 「語学に終わりはない」からこそ自分でゴールをつくる

## ★小さな目標を達成していくことが「継続するコツ」

マジメな英語の先生は「語学の勉強に終わりはない」と言います。

この言葉のせいでゴールの見えない勉強を強いられ、途方に暮れた英語学習者はたくさんいると思います。「終わりがない」とか言われてゴールが見えなくなると、勉強のテンションが下がっちゃうんです。★

**「終わりがない」ってことは「自分で終わりを設定する」必要があります。**

この本を読んでから「とりあえず1カ月後の目標」を決めてみてください。

★ネットでダウンロードをするとき、画面に出る「〇%」って表示があるだけで、終わりが見えて、精神的にすごく安心できますよね。

その後のことなんて、終わってから考えればいいんです。

「1カ月1000単語習得法を達成する（くわしくはPart2）」「英文法の参考書を1カ月に3回読む」「1カ月間毎日30分のリスニング。サボったら次の日は1時間聞く」など、自分の目標と期限を決めてしまいましょう。

ゴールが見えると、モチベーションは上がります。

「語学は継続が大事」と言われますが、**「継続するコツ」はひとつの目標を「終わらせる」こと**です。ひとつ目標を終わらせたときに達成感を存分に味わい、その高揚感を次の目標に向けるのがポイントです。

## 今日からは…

**1カ月後の目標を決めて、確実に達成していこう！**

# Part 1のまとめ

☑ 英語を勉強するメリットは「複眼的思考」が得られること。

☑ 「例外のルール」は無視して、まずは前に進む。

☑ 勉強中は自分を甘やかす。

☑ 「記憶力」や「年齢」より、「英語」と戦ったほうがラク。

☑ まずはどんな英語にも必要な「基礎体力」を養う。

☑ 本気で勉強するなら、スキマ時間を徹底的に使う。

☑ 「1カ月後の目標」を決めて、確実に終わらせる。

Part 2

# 世界一わかりやすい「単語・熟語の勉強法」

"English is simple!"

チューリッヒ（スイス）の
4カ国語（母語はドイツ語）を話すタクシードライバー

# ① 英単語は「リアリティ」で覚える

## ★英単語が覚えられないのには理由がある

「単語が覚えられない」という悩みは多くの人が持つものですよね。

それもそのはず。従来「どの単語帳がいいか?」という話はあっても、**「なぜ覚えられないのか?」「どうやって覚えるのか?」がきちんと説明されることはほとんどなかった**からです。

ここでは「単語が覚えられない原因」をキッチリ解明していきます。

●英単語が覚えられない3つの原因

①英単語にリアリティが持てない

②欲張りすぎる
③単純に回数の不足

**単語を覚えられない最大の原因は「英単語にリアリティが持てない」こと**です。

たとえば、一般的には「book には『予約する』という意味もある」としか説明されません。

でも、「ダブルブッキング（booking）とは『予約がダブること★』」と説明されればカンタンに覚えられます。

ex-girlfriend は「元カノ」って意味で、従来は「ex は『外』という意味（たとえば exit『出口』）だけど、『元』という意味もある」と教えられます。

でもホントは「ex は『外』」だけ覚えてれば大丈夫なんです。

「彼女ゾーン」にいるうちはつき合ってるわけですが、その彼女ゾーンから「外」へ出て行った人は「元彼女」となるわけです。

---

★もともと book は「帳簿・本」という意味で、そこから「予約帳簿に書き込む」→「予約する」って意味になりました。

Part 1 メンタル
Part 2 単語・熟語
Part 3 文法・リーディング
Part 4 リスニング・発音
Part 5 ライティング・スピーキング
Part 6 学習ツール
Part 7 試験対策

これこそが「英単語のリアリティ」なんです。

世間の単語帳によくある「ただ意味を羅列／派生語をたくさん載せる／長い例文」では、肝心の単語そのものに集中できないんです。そこで覚えられなかったら、読者のせいにされるんです。

英単語のリアリティを植えつけるために、ひたすら英単語を解説したのが『カラー改訂版 世界一わかりやすい英単語の授業』★です。英単語にリアリティを持てれば、脳への浸透度は劇的に上がりますよ。

**今日からは…**

**「英単語のリアリティ」で単語を脳に染み込ませる！**

---

★
**『カラー改訂版 世界一わかりやすい英単語の授業』**（関正生／KADOKAWA）

ただ単語を羅列する世間の風潮を打破するために、「徹底的に英単語を解説してリアリティを植えつける」ことに専念しました。約400個の英単語を1週間で覚えられます（予備校の生徒の実体験）。

## 英単語にはリアリティが必要

# ex-girlfriend　元カノ

**従来の説明**

exは「外」という意味だけど、「元」という意味もある

**リアリティのある説明**

### exは「外」

**彼女ゾーンから外に出た人は「元カノ」**

▼

## リアリティを持って覚えれば、単語が脳に染み込む

## 2 英単語を覚えるコツは「欲張りすぎない」こと

### ★まずは「見て意味がわかる」単語を増やす

英単語を覚えられない2つ目の原因は「欲張りすぎる」ことです。

ここで言う「欲張る」とは、単語をたくさん覚えようとすることではなく、1個の単語のいろんな情報を覚えようとしちゃうことです。

効率的に英単語を覚えるときの大前提は「目標はひとつに絞って、『〜したほうがいい』という考えを捨てる」ことです。

まず**英単語を見て「意味がわかる」という目標ひとつに絞るべき**です。

「英語を書く・話す」が目標だと、「書けるようにしなきゃ」とあせって

手★を抜いたほうが英語力が伸びることもあるんです。

しまいます。確かに「書けたほうがいい」んですが、そこまで欲張るから挫折しちゃうんです。マジメな人ほど失敗するのはこれが原因なんです。

世の中「〜したほうがいい」ことは無限にあります。「スペルを書けたほうがいい」「アクセントまで覚えたほうがいい」「派生語も覚えたほうがいい」……キリがありません。★

これからは**「〜したほうがいい」**ではなく、**「〜しなきゃいけない」ことからマスター**していってください。一気に英語学習がラクになります。

## 今日からは…

**欲張らずに、まずは「意味を覚える」ことに集中しよう!**

★世の中の単語帳には、あまりにも多くの情報が詰め込まれています。それにつき合って全部覚えようとすると、肝心の「意味」が頭に残らなくなっちゃうんです。

はムダ」という意見もありますが、ひとつの意味をしっかり覚えてないと、文脈もへったくれもありません。まずはひとつの意味をしっかり覚えましょう。

## Q 「派生語・同義語・反意語」は一緒に覚えたほうがいいの？

A 完全に無視してください。

欲張って覚えると、結局すべて忘れちゃいます。

## Q 単語をカード化するのは？

A 時間が膨大にかかるので、やらないほうがいいです。

ただ、どうしても覚えられない単語だけはカード化する、もしくは付せんに書いて玄関に貼る、スマホに貼るなどして、1日中いつでも目に入るようにすればOKです。

## Q それでも覚えられない単語がある……。

A 毎日手の甲に書いて出かけましょう。

油性ペンで書けば覚えます。それでも覚えられなければ、その単語をメールアドレスにしてください。絶対に覚えます。

## 英単語を覚えるちょっとしたコツ

### Q 「president→社長」or「社長→president」どっちの順?

A 「president→社長」の順で覚えます。

こっちのほうが断然ラクです。日本語から覚えようとすると「4倍時間がかかる」というデータもあります（意味がわかる単語1000個と、日本語を見てわかる単語250個だったら、1000個を目指すほうが英語の力は伸びていきます)。「英単語を見て意味が浮かぶ」ことを最初の目標にしてください。スペルを捨てて「読める単語を増やしていく」のがベストです。

### Q 覚えるときに、スペルは書くor書かない?

A どっちでもOKです。

確かに書いたほうが覚えやすくなりますが、書くと時間がかかります。目で見て覚えられそうな単語は、見るだけ。それでも覚えられない単語は何回でも書きましょう。「何回書くか？」なんて決めるのはナンセンスです。すべての集中力は英語そのものに向けるべきです。

### Q ひとつの単語にいくつも意味があるんだけど……。

A ひとつの単語につきひとつだけ日本語を覚えます。

辞書・単語帳にはたくさんの意味が載ってますが、欲張ると結局どれも覚えられません。単語帳の最初の意味、もしくは自分で一番覚えやすい意味を覚えて、「記憶の核」をつくることが大切です！
「単語は文脈によっていろんな意味になるから、単語帳で覚えるの

## ③ 1カ月に6回、同じ単語に目を通す

### ★単純に「回数が不足してる」だけ

単語を覚えるプロセスは、人の顔を覚えるプロセスと同じです。
たとえばオシャレな店を見つけて、店員に顔を覚えてもらいたいとします。6回以内で覚えてもらおうとするなら、どのくらいの頻度で店に行けばいいでしょうか?

週1回ペースだと、6回通っても覚えてもらえないかもしれません。
2日に1回なら、12日後には覚えてもらえます。
1日1回行けば6日後には確実に覚えてもらえるでしょう。

ちなみにボクなら1日に6回行きます。1日で覚えてもらえます。

単語だって同じなんです。

1日6回チェックすべきなんです。「1日6回も……」って、無意識のうちに常識にとらわれて、自分の行動をセーブしちゃうんです。★

もちろん現実には、そこまで時間の余裕はないでしょう。ただわかっていただきたいのは、1日2回でも同じ単語に目を通すだけで、目標の2倍のスピードで覚えられるってことなんです。

**多くの人が単語で失敗するのは、英単語にマメに目を通さないからです。覚えようと思った単語に週1回しか出合わないと確実に忘れます。**

こうやって文章で書くと当たり前のことに思えますが、これを実行してる人はほとんどいないと思います。

これが、英単語を覚えられない3つ目の原因「単純に回数の不足」です。

★常識外の結果を出すには、常識外のやり方しかありません。

## ★リアリティのない単語を覚えるのに必要な「時間と回数」

book「予約する」のように、「リアリティ」を持てる単語であれば、あっさり覚えられます（51ページ）。

逆に、リアリティを持てない単語の場合「短期間に何回も目を通す」必要があるわけです。ズバリ、ボクが授業で言い続けてるのは……

### 1カ月に「6回」同じ単語に目を通す!!

リアリティのない単語にはこれだけの頻度が必要です。

もちろん個人差（集中力の差など）★もありますが、ボクが何万人という生徒に教えてきて、学力に関係なく一番反響がある基準はこの「1カ月に6回」なんです。

★単語を覚える」といった単純作業には、学力の差はあまり関係ない気がします。

## 1カ月に「6回」同じ単語に目を通す

### 「1年に6回」目を通す

### 「1カ月に6回」目を通す

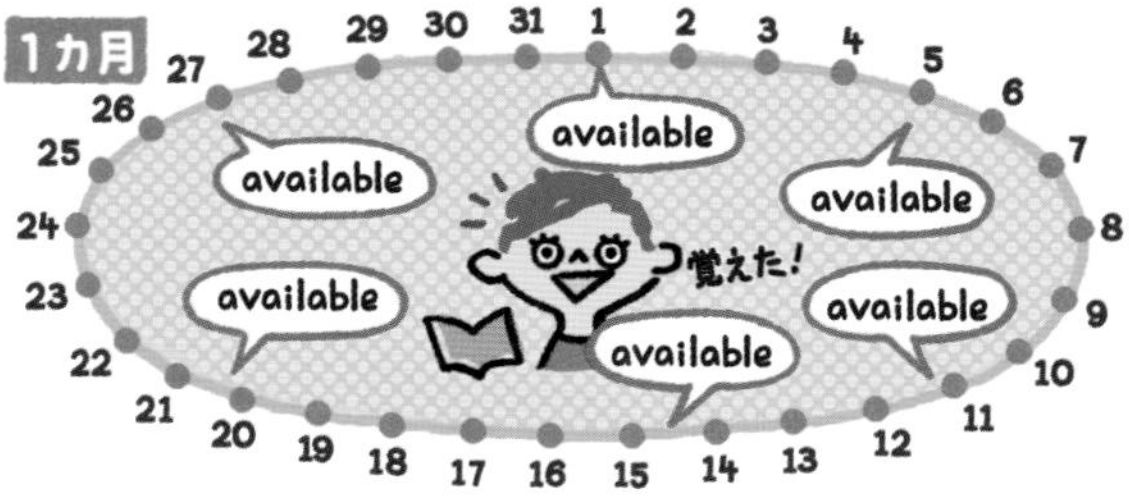


覚えるには
「時間」と「回数」が大事

単純に回数が不足していただけなんです。それなのに、大半の学習者はそれを知りません。途中でやめちゃうと、それまでの努力が台無しになっちゃいます。３〜４回で覚えられるほうがおかしいんです。

英単語の暗記は筋トレみたいなものです。

毎日３回腹筋しても絶対にやせません。１００回の腹筋でも、１日で１００回なら効果はありますが、１年で１００回では効果はありません。

つまり、長いスパンでやっても単語は覚えられないのです。同じ６回でも、１カ月に６回なら効果は出ますが、１年で６回では覚えられません。

いままで単語が苦手だった理由は、単に回数の不足なんです。**落ち込んでる間に1回でも単語に目を通した人が最後は勝つ**んです！

## 今日からは…

**覚えられない原因は、単純に「回数の不足」！**
**単語は1カ月に6回目を通す!!**

# 4 単語は0.1秒で意味が言えるまで繰り返す

## ★0.1秒で思い出せる状態まで繰り返す

大半の人が「○○って単語の意味は？」と聞かれて、「えっと……」と考えちゃいます。そこで意味が出てきても、時間がたてばすぐ忘れます。本当の意味で「単語をマスターできた」という基準は「0.1秒で思い出せる」★かどうかです。

**「覚えた」と「定着した」はまったく違います。**
**「定着」してはじめて単語をマスターしたことになる**んです！

★ポイント：ボクがつくる単語テストは制限時間が異常に短いんです。0.1秒で思い出さないと間に合わないので、本当の単語力が測定できるからです。

●英単語をマスターするプロセス
①見てもサッパリ思い出せない
②スペルに見覚えはある⇩「覚えてない状態」
③1～2秒で意味が言える⇩「覚えた（けどすぐ忘れる）状態」
④0.1秒で意味が言える⇩「定着！」

大事なことが2つあります。

1つ目は、①→③に行くまでが一番時間がかかるので、とにかくその途中でやめないこと。

2つ目は、③の時点で「覚えた」と思い込まないようにすることです。

でも、ほとんどの人が「覚えた」と思ってここでやめちゃうんです！ここでやめると速攻忘れます。で、「何回やってもすぐ忘れちゃう。やっぱり単語は苦手★」の状態に入っちゃうわけです。

---

★自分を責める必要はありません。この段階まできたら、あともう一歩で完成です。

## 英単語をマスターするプロセス

① 見てもサッパリ思い出せない

② スペルに見覚えはある

③ 1〜2秒で意味が言える

単語をマスターするライン

④ 0.1秒で意味が言える

「覚えた（けどすぐ忘れる）状態」でやめず、
「定着」するまで繰り返す

③まで行けば、あと一押しです。

④まで繰り返して、脳に英単語をじ～んわり染み込ませてください。

これで記憶の定着率がグンと上がりますよ！

また、「どうしても単語を覚えるのが苦痛」という人は、アプリを利用するのもいいでしょう。

1日の目標単語数・勉強時間・単語テストの制限時間などをカスタマイズできるものもあります。オススメは「mikan」というアプリ★で、（いつも単語と格闘している）中高生からも人気が高いものです。英検・TOEIC・大学入試など様々なコンテンツに対応しています。

## 今日からは…

**「覚えた」段階でやめない！**
**0．1秒で思い出せるまで繰り返そう‼**

★

**英単語アプリ「mikan」**
**（株式会社mikan）**

書籍と連動しているので、勉強も連動させるのが効果的です。たとえば本で1章やったら、アプリのランダムチェックをするという使い方ができます。

# ⑤ 誰でも1カ月で1000単語覚えられる方法

## ★ウロ覚えでOK！　ただし何度も繰り返す！

「英単語を1カ月で1000個マスター」は実現可能です。

常識では「絶対ムリ」と言われそうですが、**やり方を劇的に変えるからこそ「劇的な効果」が生まれる**わけです。

では説明します。

キーワードは**「ウロ覚えの反復」**です。ウロ覚えでOKなので「とにかく1日200個」を目に焼きつけてください。

そして「暗記の間隔を空けない」ことも大事です。

★ボクは25年間何万人もの生徒にこの方法を教えてきました。効果は実証済みです。それなりの時間と覚悟は必要ですので、いますぐ実行する必要はありませんが、「単語を覚えるメカニズム」もくわしく説明しますので、ぜひ読んでください。

少なくとも「5日に1回」は同じ英単語に目を通すようにしましょう。

目標は1カ月1000個ですから、「1日200個×5日」で1セットになります。200個の英単語を1日2時間★使ってひたすら覚えます。

「5日で1セット」ですから、6日目からは2セット目に入ります。これをひたすら6セット繰り返します。「1カ月で6セット★」できるはずです。

## ★手応えは「5セット目」から

覚悟してください。

4セット目までは、自分の脳ミソを疑い、自信を失うほど効果は出ません★。

つらいです。時間も気力も使います。

---

★「2時間もムリ」と言わずに、とりあえず読み進めてください。いろんな対策は後述します。

★単語を覚えるスパンは「1カ月で6回」でしたね(60ページ)。

★つまり、英単語を見る回数が2回でも4回でも単語テストの結果はほとんど変わらないんです。大半の人が「4回もやったのに(涙)」って、そこであきらめちゃうんです。

# 1カ月1000単語習得法

## 「1日200単語×5日」を6セット繰り返す

| 単語 / セット | 1-200 | 201-400 | 401-600 | 601-800 | 801-1000 |
|---|---|---|---|---|---|
| 1 | 7/1 | 7/2 | 7/3 | 7/4 | 7/5 |
| 2 | 7/6 | 7/7 | 7/8 | 7/9 | 7/10 |
| 3 | 7/11 | 7/12 | 7/13 | 7/14 | 7/15 |
| 4 | 7/16 | 7/17 | 7/18 | 7/19 | 7/20 |
| 5 | 7/21 | 7/22 | 7/23 | 7/24 | 7/25 |
| 6 | 7/26 | 7/27 | 7/28 | 7/29 | 7/30 |

CLEAR!

30日で6セット終了。
「1カ月に6回」目を通せば、
驚くほど覚えられる！

でも大変なのは最初の4セットだけです。**5セット目から手応えを感じ、その後は必ずブレイクが起きます。**ここまで自信を持って断言する理由は「ボク自身の経験」と「予備校の教え子の実体験」です。

ボクは高校2年の夏休み、英語の予習で辞書ばっかりひいてることに嫌気が差し、単語力アップを決意しました。ただ、飽きっぽいボクは気長に「毎日コツコツ」なんて方法では絶対に挫折することはわかっていましたので、夏休みだけで覚えられる方法がないか考えました。

「1日5個ずつ覚えると、1000個覚えるのに200日もかかる（5個×200日）……。あ！　数字を逆にして、1日200個なら5日で1セット終わる♪（200個×5日）」と、最初は超安易に考えて始めました。

ところが3～4セット目まではまったく覚えられません。でもやりだしてしまった以上「ここでやめるわけにゃあいかねぇ」という気持ちだけで続けました（夏休みなのでほかにやることがなかったのも幸いしました）。

その後、5～6セット目からブレイクしたという、ボク自身の経験です。高3になっても同じ方法で1000単語覚えて、それ以来、単語に困ることは一切なくなりました。★

いままでの教え子の実体験も、ボクが自信を持ってこの方法をオススメする理由のひとつです。毎年この方法を教えてますが、結果は毎年同じです。**英語が苦手な生徒も東大医学部に合格した生徒も、みんな5～6セット目でブレイクしてる**んです。

その後、中学生にも社会人にも教えましたが、結果はまったく同じです。ですから今回、自信を持ってこの本に書かせていただきました。★

## ★「ウロ覚え」って、どのくらいのペース？

ボクの言う「ウロ覚え」は、ズバリ「1時間で100個に目を通すペース」です。たとえば単語100個のリストを渡されたとしましょう。時計

★大学に入ってから、フランス語でも同じやり方で、半年で4000語覚えました。社会人になってからは年に1回、1000個ずつ受験以外の英単語（ビジネスなど）を覚えて10年以上続けましたが、いつも同じ効果がありました。高2以降のボクの人生で英単語にまったく困ったことがないのは、すべてこの方法のおかげです。

★以前予備校で、お嬢さまっぽい生徒に「ホントに先生のやり方ですごい覚えられました♪4回目までは全然効果が出ないから『関、コロス』とか思ったけど(笑)」という、ビミョーな感想をいただいたことがあります。

を見て、いまからジャスト1時間後に、その100個をテストすると思ってください。これでどのくらいのペースで単語を見ていけばいいか、想像がつくと思います。

**●ウロ覚えのペース（1時間で100個）**

**①いまこの瞬間「覚えた！」と思ったら、サクサク次へ進む。**

**②最初から知ってる単語は「即無視」する。**

**③カンタンそうな単語は数秒だけ、難しい単語は何秒もじ～っくりと。**

**④なかなか覚えられない単語は何度も書く（走り書きでOK／回数も無視）。**

とにかくリズミカルにテンポよく進めてください。

もちろん、100個の単語に1時間だけじゃなく2時間でも3時間でもかけたほうが効果はありますが、さすがにそこまで単語に時間を割けないと思います。

かといって30分しかやらないと、ウロ覚えすぎて効果が出ません。「1時間後にテストが待ってる」つもりでやってください。もし50分で終わったら、また最初に戻って忘れていそうな単語を確認してみましょう。

## ★1000単語覚えれば世界が変わる！

1日に200個ということは、1日2時間、単語に時間を使うということです。

ここでよく言われるのが「単語にそこまで時間を割けない」という悩みです。ボクの生徒には夏休みにさせて成功していますが、社会人はなかなか時間を確保できません。これに関しての対処法をいくつかお話しいたします。

まずは『世界一わかりやすい英単語の授業』（52ページ）で400個の単語を1週間で覚えます。この本はリアリティ重視で単語を徹底的に解説し

---

★ストップウォッチを片手にやってみると、ゲーム感覚で意外と楽しいものですよ。

ているので、数回読み通すだけで覚えられるはずです（チェックテストもありますので、うまく利用してください）。

残り600個を3週間で覚えれば、1カ月1000個が達成できます。

1000個達成した時点で、みなさんの英語学習に奇跡が起きます。

世界が変わります。

白黒だった英語の世界が、色鮮やかなビビッドな世界に変わります。★

では、その残り600個をどうするか？

理想は「1日2時間で200個／3日で1セット」です。このペースで6セットやれば18日で達成できます（3日で1セット×6セット＝18日）。

1日2時間も時間がかかるのは3〜4セット目までです。5セット目からは2時間もかかりませんし、何より効果が出はじめますので、楽しくて続けられるはずです。

---

★道ばたで「タンポポさん、おはよう♪」とか話しかけそうになりますし、手を差し出せばそこに小鳥がとまるんじゃないかというぐらいテンション上がります（共に体験談）。

# 1ヵ月1000単語習得法 Q&A

## Q 100個の英単語を覚えるときは、知らない単語だけで100個or知ってるのも含めて100個?

A 「知ってるのも含めて100個」でOKです。

単語帳の1〜100番をそのまま覚えてください。知らない単語だけを100個数えてると、意外と時間がかかりますので、覚えることに時間を使ったほうがいいでしょう。

## Q 1時間を数回に分けていいの?

A OKです。

1回30分集中してやれば、たとえば「通勤電車30分＋昼休み30分＋帰りの電車30分＋カフェで30分」で2時間できます。自分にとって「一番続けやすいやり方」でやってください。

## Q 2冊目の単語帳はどれがいいの?

A 手元にある単語帳でOKです。

『カラー改訂版　世界一わかりやすい英単語の授業』を終えた時点で400語マスターできますが、2冊目はいま手元にある単語帳でOKです。何もなければ、英検やTOEICの単語帳（Part 7）にチャレンジしてみてください。

ただ現実問題、「1カ月1000単語」で一番怖いのは「途中でやめちゃう」ことです。忙しくなって1日サボったら、そのままズルズル……。

ですから、目標を自分なりにアレンジするのもアリです（77ページ）。

1カ月以上かかりますが、**とにかく「挫折しないことが大事」**です。

迷ったときは少ない目標から始めてください。

自分の力で「奇跡」を起こすのは快感ですよ。★

**今日からは…**

**ウロ覚えの反復で1カ月1000単語覚えられる！**
**自力で「奇跡」を起こして、単語の呪縛から脱出しよう!!**

1★ 000単語マスターすると、英文を読んでいて「あっ、最近覚えた単語だ♪」ということが激増しますので、読むのが楽しくなります。

## 1000単語習得法おためしアレンジ

### アレンジ1 まずはおためし編

12日間で100個

**→「1日50個×2日」×6セット**（所要時間30分／日）

| | 1セット | 2セット | 3セット | … | 6セット |
|---|---|---|---|---|---|
| 1-50 | 1日目 | 3日目 | 5日目 | … | 11日目 |
| 51-100 | 2日目 | 4日目 | 6日目 | … | 12日目 |

### アレンジ2 入門編

6日間で100個

**→「1日100個×1日」×6セット**（所要時間1時間／日）

| | 1セット | 2セット | 3セット | … | 6セット |
|---|---|---|---|---|---|
| 1-100 | 1日目 | 2日目 | 3日目 | … | 6日目 |

### アレンジ3 初心者編

18日間で300個

**→「1日100個×3日」×6セット**（所要時間1時間／日）

| | 1セット | 2セット | 3セット | … | 6セット |
|---|---|---|---|---|---|
| 1-100 | 1日目 | 4日目 | 7日目 | … | 16日目 |
| 101-200 | 2日目 | 5日目 | 8日目 | … | 17日目 |
| 201-300 | 3日目 | 6日目 | 9日目 | … | 18日目 |

## 6 理屈がわかれば熟語の暗記量は激減する

### ★「直訳×前置詞×基本動詞」で暗記量を激減させる

英単語と同じように、英熟語もただひたすら丸暗記させられますよね。でも、みなさんは英熟語に関する考えを180度変えてください。

**英熟語も理屈がわかれば、暗記量は激減**します。

単語よりも成り立ちがわかりやすいので、きちんと理解さえすれば丸暗記は不要です。論より証拠。いままで「暗記しろ」としか言われなかった熟語を「解説」してみましょう。

**●熟語の丸暗記を減らす方法**
**①まずは「直訳」してみる**
**②「前置詞」のイメージをつかむ**
**③「基本動詞」を学習する**

## ①まずは「直訳」してみる

**直訳してみれば、自力で理解できる熟語がたくさんあります。**

たとえば、mean business「本気だ」という熟語。直訳は「仕事を意味する」ですね。「仕事を意味する」→「本気だ」になります。ちなみに日本語では「遊びじゃないんだぞ（＝本気だぞ）」っていう逆の発想です。

## ②「前置詞」のイメージをつかむ

たとえばbyの意味は「～によって」ばかり強調されますが、実はbyの核心は「近くに」★なんです。

これを知っていれば、stand by「傍観する／味方する／待機する」なん

★ byを含む熟語を見たら、まずは「近くに」という意味から考えてみてください。自力で推測できちゃうかもしれませんよ。

て熟語を丸暗記しなくても大丈夫です。

stand by の直訳は「そばに立つ」で、「現場のそばに立つ」→「傍観する」、「精神的にそばに立つ」→「味方する」、「舞台のそばに立つ」→「待機する」（stand by をそのまま読めば「スタンバイ」ですね）になるわけです。

by 本来の意味「近くに」を知っていれば、丸暗記する必要はありません。

**③「基本動詞」を学習する**

基本的な動詞の意味を正確に知ってる人は驚くほど少ないです。

たとえば take は「取る」です。take in という熟語の直訳は「中に取る・取り入れる」です。「頭の中に取り入れる」→「理解する」、「旅行の予定に取り入れる」→「見物する」、「自分のズルイやり方に相手を取り入れる」→「だます」という意味になります。

このように考えていけば、熟語の暗記量は激減します！

**普段から「直訳」を心がける。その直訳の精度を上げるために「前置詞」**

と**「基本動詞」を知っておくと、熟語の暗記が減る**んです。

ただ、基本動詞は非常に奥が深い分野ですから、あまりムキになって勉強しないで、とりあえず「前置詞」→「基本動詞」の順で挑戦してみてください。

前置詞をくわしく知りたい方には『核心のイメージがわかる！ 前置詞キャラ図鑑』★がオススメです。基本動詞のオススメは『核心のイメージがわかる！ 動詞キャラ図鑑』★です。

**今日からは…**

**前置詞と基本動詞を学習して、熟語の丸暗記から解放されよう！**

★『核心のイメージがわかる！ 動詞キャラ図鑑』（関正生、煙草谷大地／新星出版社）

「見る」「聞く」といった基本動詞の区別は、ライティング・スピーキングでも役立ちます。

★『核心のイメージがわかる！ 前置詞キャラ図鑑』（関正生／新星出版社）

前置詞のキャラ化によって、言葉では表現しきれない「前置詞のイメージ」を想像以上にリアルに伝えることができました。

## Part 2のまとめ

☑ リアリティが持てれば単語は覚えられる。

☑ 単語はまず「意味だけ」を覚える。

☑ 単語は「1カ月に6回」目を通す。

☑ 「覚えた」ではなく、「定着した」を目指す。

☑ 「1カ月1000単語習得法」で、自分の英語力に奇跡を起こす。

☑ 熟語は「直訳×前置詞×基本動詞」で暗記が激減する。

Part 3

# 世界一わかりやすい「文法・リーディング」の勉強法

「語学は声に出すことが一番」

電車で隣に座ったインドの元気なおばちゃん

# 1 ネイティブにも日本人にも「英文法」は必要

## ★ネイティブは無意識に英文法を使っている

「ネイティブは文法を考えながら話していない」って言われることがあります。「だから文法なんて気にしてたら英語ができない」って……。

これ、根本的に大きな誤解があります。

**ネイティブは決して「文法のことを考えていない」のではなく、「考えなくてもいいくらい無意識化してる」だけ**なんです。

その証拠に、彼らは文法的に間違った文を「おかしい」と言えるわけです。「おかしい理由」は答えられませんが「文法的な正誤判定」はできるわけです。英文法が彼らの脳と体に深く染みついている証拠です。

「意識していない」と「使っていない」は全然違います！　ネイティブは英文法を意識していませんが、「使いこなしている」わけです。★

## ★日本人だって、無意識に日本語文法を使いこなしている

母語では文法を意識していないだけで「使いこなしている」例を、日本語で考えてみましょう。たとえば、「が」と「は」の使い分け。

◎「ある所におじいさんとおばあさんがいました。おじいさんは山へ～」
×「ある所におじいさんとおばあさんはいました。おじいさんが山へ～」
◎「誰が知ってるの？」
×「誰は知ってるの？」

この「が」と「は」の使い分けは、日本人なら自然にできますよね。

★英 会話学校のネイティブの中には「文法にこだわっちゃいけない」と言う講師もいますが、それは自分たちが文法の説明をできないからじゃないでしょうか。

でも、外国人にはメチャクチャ難しいわけです。★そこできちんと説明する必要があるわけですが、これをしっかりと説明できる日本人はかなり少ないはずです。

参考までに説明しておきますが、「新情報＋が」「旧情報＋は」と教えてあげれば一発です。

最初の「ある所におじいさんとおばあさんがいました」は、「はじめて出てきた情報（新情報）」ですから「が」を使い、次に「おじいさんは山へ〜」は「2度目の情報（旧情報）」なので「は」を使うんです。

また「誰」という「疑問詞」は「誰も知らない情報（新情報）」ですから「誰が」になるわけです。絶対「誰は」「何は」「どちらは」なんて言いませんよね。

「文法を意識せず、感覚でわかる」のは、その言語に大量に触れた人だけ

---

★そこで混乱してる外国人に「たくさん日本語読んでれば、そのうちできるようになるんじゃん」とか言ったら嫌われます。英語も同じです。無意味にたくさん読むのではなく、文法を学んだほうが効率的です。

であって、**先に文法というルールを知るほうが、学習スピードは圧倒的に速い**です。ですから英文法が必要なんです。

ボクたち日本人はまず「英文法を頭で理解」→「反復して無意識の領域まで落とし込む（体に染み込ませる）」という作業をこなす必要があります。

たとえば車の運転でも、まずはじめはひとつひとつの動作を頭で考えながら覚えていきますね。最初はぎこちない動作で、助手席の人の言葉も耳に入らない状態ですが、動作が体に染み込めば、話をしながらでも、鼻歌を歌いながらでも、運転できるはずです。

英文法もその無意識の状態に近づけることが理想なんです。鼻歌を歌いながら英文を読む日のために、まずは「英文法」を始めましょう！

## 今日からは…

**非ネイティブは英文法を頭で理解し、反復して体に染み込ませる！**

# 2 文法がわかれば ムダな勉強時間が減る

## ★大人の最大の武器は「論理的思考」

「英文法を知る」ということは、「専門家たちが研究を重ねて見いだした法則を一瞬でゲットできちゃう」ということです。

たとえば、ラグビーを始めるとしましょう。何もルールを知らないままひたすら10試合見続ければ「ボールを前に投げちゃいけないのかな」と気づくかもしれません。

でも最初に「ラグビーでは前方にボールを投げちゃいけません。蹴るのはＯＫです」というルールを教えてもらってたら、ムダに時間を使う必要がなくなります。

英文法もまったく同じです。

ただやみくもに英文を大量に眺めていれば、いつかは「こうかもしれないな」という英語のルールにぼんやりと気づくかもしれません。

でも、それでは時間がかかりすぎるんです。子どもなら大量の時間がありますし、論理的思考も苦手なので、その方法でもいいかもしれません。

**でも、大人にはそんな時間はありません。**

**その代わり「論理的思考」という最大の武器がある**わけです！

その「論理的思考」を最大限に生かせるのが「英文法」★なんです。

---

★「英文法はいらない」なんて言う人は、大人の最大の武器「論理的思考」を放棄して、子どもの得意な領域（膨大な時間・経験的学習・ミスしてもヘコまない）で勝負するようなものです。大人こそ英文法をやるべきです。

## ★核心をつかめば、文法は驚くほどカンタン

英文法には「つまらない」というイメージがつきまといます。従来の英文法の説明は「丸暗記と例外の羅列ばかり」ですもんね。たとえば助動詞willは、中学では「～でしょう・するつもり」と習い、高校に入ると「習慣・習性・（否定文で）拒絶」なんて暗記させられます。

でも実際は、**willには「100％必ず～する」っていうすごくパワフルな意味しかありません。**★これだけ覚えれば十分です。「習慣・習性」とは「必ず～する（習慣・習性がある）」ということですし、否定文では「絶対に～しない」という「拒絶」になるだけです。

---

★ちなみに名詞のwillを辞書でひくと「意志」「決意」という力強い意味が並んでいます。willは決して「～でしょう」なんて弱々しい意味ではなく、パワフルな単語だという証拠です。

## 英文法に丸暗記は必要ない

**助動詞 will** を例にとると…

従来の説明

will の4つの意味　①意志 ②推量 ③習慣 ④（否定文で）拒絶

正しい考え方

**will の核心は「100%必ず～する」！**

### ① I'll call her tonight.

従来の訳「今夜は彼女に電話するつもりだ」

ホントの意味「今夜は必ず彼女に電話する」

★強い意志を感じますね。

### ② He will come here.

従来の訳「彼は来るでしょう」

ホントの意味「ヤツは必ず来る」

★実は強い意味になるんです。

### ③ My boss will talk for hours, if you let him.

従来の訳「ウチの上司はほっとくと何時間でもしゃべるでしょう」

ホントの意味「ウチの上司はほっとくと何時間でもしゃべるんだ」

★「必ずする」→「習慣・習性」ですね。

### ④ The window won't open.

従来の訳「窓が開かないでしょう」

ホントの意味「どうしても窓が開かない」

★「必ずする」の否定→「絶対にしない」です。

## ★語学はスポーツ。だからこそ「理論」が必要

will の例でわかるでしょうが、英語はその核心をつくと、ものすごくシンプルなルールになるんです。用法をたくさん覚えたりする必要なんてないんです。

世間では「語学はスポーツと同じ。だから体で覚えよう」と言われることがびっくりするくらい多いのですが、ボクに言わせれば**「スポーツにも理論がある。だから頭を使おう！」**★ということです。

理論、つまり英文法は英語をマスターするうえで絶対に欠かせません！

英文法のオススメ本は、中1レベルからなら『中学校3年間の英語が1冊でしっかりわかる本』★、中3〜高校レベルなら『カラー改訂版　世界一わかりやすい英文法の授業』★、わからない分野を辞書のように調べたいなら『ジーニアス総合英語』★です。

---

★**最**近のスポーツ界では科学的な練習が重視されていますよね。プロほど理論を大切にして効率的なトレーニングをしています。英語も同じです。

★
**『中学校３年間の英語が１冊でしっかりわかる本』（濵﨑潤之輔／かんき出版）**

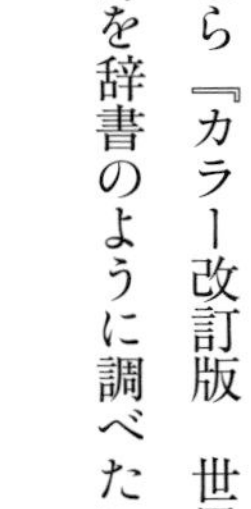


中学レベルの文法は時間をかけずに一気にやるほうが身につきます。だからこそ、この本のように「読みやすい（上にしっかり説明している）」本をチョイスすることが大切なんです。

大学受験生なら英文法にたくさんの時間をかけますが、社会人の場合『世界一わかりやすい英文法の授業』を読み終えた時点で、ほかの分野、たとえばリーディングなどへ進んでOKです。

もちろん忘れてしまったことは何度も見直し、細かいところは『ジーニアス総合英語』の索引を使って知識を深めていきましょう。

わからない単語があったら、辞書をひきますよね。

それと同じように、わからない文法事項があったら文法書を調べる習慣をつけると、英語力が確実に伸びていきます。

## 今日からは…

## 大人の最大の武器「論理的思考」で英文法を身につけよう!

★

**『ジーニアス総合英語』（中邑光男、山岡憲史、柏野健次／大修館書店）**

ムリに最初から読むのではなく、気になる単元から読むのが、読み進めるコツです。

★

**『カラー改訂版 世界一わかりやすい英文法の授業』（関正生／KADOKAWA）**

世界中の人々に共感された英文（シェイクスピア、マイケル・ジョーダン、白雪姫、シンデレラなど）を例文にして、英文法がいかに役立つかを解説しました。最高の自信作です。

# ③ 読むスピードが速くなる「3つの力」とは

## ★速読とは「急いで読むこと」ではない

世間にはびこる「（段落の頭だけ読む）速読」や「スキャニング（必要な部分だけ読むこと）」といったテクニックは絶対にやめるべきです。

「木を見て森を見ず」という言葉がありますが、英語学習においては「1本1本の木を見ることができる」ようになってはじめて正しく「森を見る」ことができるようになります。まずは「木を見て木を見る」能力が必要です。

**速読とは、決して「急いで読むこと」ではなく「正しく読むこと」です。**★

---

★普段はのんびりしていても、大学入試問題の大量の英文を処理したり、TOEICの問題を時間内に終わらせる人はたくさんいます。彼らは決して「速く」読んでいるのではなく、「正しく」読んでいるのです。

たとえばスポーツでも「スピードを上げる」にはたくさんの要因が複雑に絡んでいます。本気で「速く走りたい」という陸上部員に「たくさん走るといつか速くなる」と言ったり、テクニックだけで解決させようとしたりはしないはずです。

**まずは正しいフォームが必要**ですよね。

この「正しいフォーム」こそ「英語の正しい読み方」なんです。

さらに、「正しいフォーム（英文解釈力）」に加えて、「筋力（単語の瞬発力）」「実際の試合（音読力）」などの要素が必要です。

いろんな要素が複雑に相互作用して「速くなる」わけです。

**●速読に必要な要素**

**①単語の瞬発力（0.1秒で単語の意味が浮かぶか？）**

**②英文解釈力（英文の構造を正しく把握できるか？）**

**③音読力（日本語を介さずに英語をそのまま理解できるか？）**

### ① 単語の瞬発力（0．1秒で単語の意味が浮かぶか？）

単語を覚えるときに「えーと、この単語の意味は……」なんてやっているうちは、速く読むなんてムリです。そのたびに英文を読む作業がストップしちゃうからです。★

「単語の意味をパッと言えない」から英文を読むのが遅くなるわけです。ですから、**0．1秒で単語の意味が言えれば、それだけで英文を読むスピードが上がる**はずです！

### ② 英文解釈力（英文の構造を正しく把握できるか？）

英文を速く読むためには「英文の構造」をキッチリつかむこと（英文解釈）が必要です。でも最近は「英文解釈」と聞くだけで、やたら古くさいと思われ、あげく「英文解釈なんてしてたら速く読めない」なんてメチャクチャなことまで言われます。★

---

★ひとつの単語を思い出すのに2秒かかったとします。もし読んでいる英文の中にそういう単語が10個あったら、それだけで20秒（＝2秒×10個）もロスすることになるわけです。

★海外のレストランでの注文や道を聞くような会話なら、単語さえ出てくれば通じてしまいます。だから多くの人が「英語は単語で決まる」と思い込んじゃうんです。

でも、ビジネス、TOEICなどの資格試験、洋書、英字新聞に必要とされる英語力には「英文解釈」が絶対に必要です。

英文解釈をやると、英文の構造を予想する力がつき、きちんと英文が読めるようになります。**きちんと読めれば、読むスピードも上がります。**

「TOEICの問題集をいくらこなしても点数が伸びない」「読むのが速くならない」と思っている人には、一度速読の呪縛から抜けて、きちんと正しく読む練習をオススメします。『英文解釈教室〈新装版〉』★で「正しく読める」ことを目指してください。

## ③音読力（日本語を介さずに英語をそのまま理解できるか？）

英語をマスターするためには「やさしい英文を大量に処理していくことで英語アタマをつくる」という作業が絶対に必要です。

そのために必要なのが「音読」★です。

---

★**『英文解釈教室〈新装版〉』（伊藤和夫／研究社）**

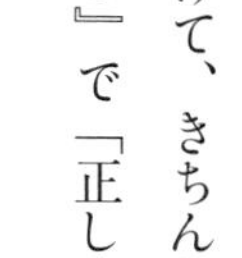

この本で「返り読みせずにアタマから正しく読める」ようになります。ボク自身、この本に出合わなければ英語を仕事にしていなかったと思います。内容は地味で単調に感じるかもしれませんが、すさまじい効果があります。

★**最**近は音読がいろんなところですすめられてますが、音読の最大の目的・効果はほとんど語られません。実は「英語アタマ（英語を英語のまま処理できること）」をつくり上げる効果があるんです！

英文解釈できちんと理解した英文を、何度も音読して脳に染み込ませます。5～10回では足りません。最低30回、理想は50回の音読です。

2～3回英文を読んだだけでは、いちいち日本語に置き換えないと意味が理解できないかもしれませんが、何度も繰り返して同じ英文に触れていくうちに、英語を英語のまま処理できるようになるんです。英文を目で見ながら、意味がどんどん浮かぶようになります。

これができるようになれば、返り読みもしなくなり、日本語を介さずに英文の内容が浮かぶようになります。

すると、英文を読むスピードが格段に上がります。

**いちいち日本語に直す手間が省けるのでスピードが上がる**んです。

もちろん、それだけすごいことですから時間はかかります。毎日30分音読★して2～3カ月かかります。でも、ぜひ挑戦してください。

---

★音読はボクが英語ができるようになった最強の武器です。受験のとき、問題集の英文を50回は読み込みました。30歳まで1日30分の音読を13年間続けました（最近少しサボり気味ですが）。

## ★音読するときに気をつけることは？

**「音読」は「英語アタマ」をつくるもの**です。ですから、無意味に音読しても効果はありません。次のことに気をつけてください。

**●音読の細かい注意点**

**①必ず声に出す**★（黙読だと無意識のうちに目で飛ばしてしまうので）。

**②声の大きさは無関係**（ボソボソでも十分ですので、どこでもできます）。

**③何も考えず字面だけ追っても効果はない。**

**（a）まずは英文の構造**（英文解釈）**を意識して10回**

**（b）次に英文を読みながら和訳が浮かぶように10回**

**（c）最後は自然なスピードで10回**

**④目標は1日30分。早ければ2カ月、普通は3カ月で効果が出る。**

**⑤一気に30回読む必要はない。1日5回×6日＝合計30回が目安。**

★声に出すことで、返り読みを防止することもできます。

⑥サボってしまったら、翌日は1時間音読。2日サボったら最初からやり直しと考える（厳しいですが、英語アタマはそんなにカンタンには手に入りません）。

音読するときはダラダラ読んでも意味がないので、1日30分、集中して取り組みましょう！

3カ月後にはきっと「劇的な読解スピード」を手に入れることができます。ついでに集中力もつきますよ。

## 今日からは…

「単語の瞬発力×英文解釈力×音読力」で「英語アタマ」を手に入れよう！

世界が変わります。ぜひトライしてください！

# 4 お気に入りのあのマンガ・小説で英語が勉強できる

## ★お気に入りの教材が絶対見つかる

音読という毎日のノルマをこなしたら、あとは楽しみながらたくさんの英文に触れていきましょう。あくまで「楽しむ」ことが最優先ですから、多少わからない単語があっても辞書をひく必要はありませんし、つまらないと思ったら別の本に移ってOKです。

最近のはやりでは、多読の教材でよく紹介されるのはビジネス本ですが、英語で読むのは結構苦痛です。**あくまで自分の好みで探せばOK**です。

ボクがいままで読んだ中でのオススメは次の3種類です。

★

『Cinderella & Sleeping Beauty』(Xanthe Smith-Serafin／IBCパブリッシング)

カンタンな単語で気軽に読めますし、ほのぼのとした気分になれます。

※本文102ページ掲載

●オススメの多読教材
①物語
②日本のマンガ
③日本の小説

**①物語**

『シンデレラ／眠りの森の美女』★『星の王子さま』★『クマのプーさん』★が面白く、生徒にも評判がすごくいいです。

**②日本のマンガ**

日本のマンガはかなりの数が英語版になっています。

大型書店に行けば、ビックリするくらいたくさんのマンガが英訳されているので、自分の好きなマンガ★が見つかるはずです。

欠点は、値段が高いこと（1冊1000円前後）、セリフが大文字なので最初は読みにくいことです（1冊読みきれば慣れると思います）。

---

★
『星の王子さま　The Little Prince』
（Antoine de Saint-Exupéry／講談社）

『星の王子さま』を大人になってから読むと、いろいろハッとさせられます。

★
『クマのプーさん　Winnie-the-Pooh』（A.A.Milne／講談社）

もともとイギリスの物語なんです。単語が少し難しいのですが、授業で紹介すると生徒が一番に買いに行く本です。

また、リスニングの勉強にはアニメのDVDも超オススメです（124ページ）。

**③日本の小説**

意外と知られていないのですが、日本の小説が英訳されていることもあります。個人的には『The Devotion of Suspect X』★（東野圭吾さんの『容疑者Xの献身』の英語版）がすごく好きです。アマゾンなどで、好きな作家の名前をアルファベットで検索すれば、すぐ見つかりますよ。

今日からは…

**「先が読みたくなる作品」で英語を勉強しよう!!**

★
The Devotion of Suspect X（Keigo Higashino／Minotaur Books）
『容疑者Xの献身』の英語版です。本当に面白い。本はハードカバーで大きいのですが、これがまたカッコいい。CD版もあります（もちろんボクは持ってます）。本もCDもAmazonで買えます。

★
Dragon Ball（Akira Toriyama／VIZ Media LLC）
42冊すべて読みきりました。2万5000円くらいかかりましたが、3カ月間楽しく英語を勉強できたので、かなりお得な買い物だと思っています。

## 5 英字新聞はとにかく気楽に読む

### ★全部読もうとすると失敗する

英字新聞も素晴らしい英語教材になります。いまではタブレットで読むこともできますが、やはり「英字新聞」を手にしたときの「英語の勉強もついにここまで来たんだ」という気持ちをぜひ味わってほしいと思います。

**英字新聞で多くの人が失敗するのは、気合が入りすぎて難しそうな記事まで読もうとするから**です。★

男性の場合、なじみがあるスポーツ欄から攻める人も多いのですが（高校時代のボク）、専門用語連発で確実に挫折します。

★そもそも日本の新聞だって全部読むような人はあまりいませんよね。

英字新聞はとにかく気楽に。難しそうな記事をムリに読む必要はありません。1部200円前後で英語の勉強ができれば、**たったひとつの記事でも読んだら「モトは取った」と思っていい**でしょう。

## ★英字新聞をためないコツは?

英字新聞には2種類あります。毎日発行される「日刊モノ」と週に1回発行される「週刊モノ」です。

日刊は定期購読のほか、大きな駅ならキオスクでも買えます。毎朝、英字新聞を駅で買ってひとつでも記事を読み、帰りの駅で捨ててくるのがためないコツです。

家にためだすとロクなことがありません。昨日の新聞なんて読む気になれませんし、読まずに積み重なった英字新聞を見たら「やっぱりオレはダメだ」とか言って自分を責めまくります。気楽に、とにかく気楽に。

英字新聞にはいくつか種類がありますので、最初は1紙ずつ読んでみてください。ボクは『ジャパンタイムズ』★を読んでいます。

日本のホテル・国内の飛行機にも英字新聞は置いてあります。あえて「英字新聞ありますよ」とは絶対言われませんので、こちらから「英字新聞置いてますか？」と聞いてみてください。

## ★「日刊」がキツければ「週刊」がオススメ

初級者・中級者には「週刊」の英字新聞のほうがオススメです。「週刊」は書店などであまり売ってないので、定期購読がラクです（新聞社のサイトで申し込めます）。届くのは週に1回だけで、日本語の解説もあります。

英語を勉強する人向けの記事も多く、「みんなこれ読んで頑張ってるんだ」という目に見えない一体感が感じられ、勉強するモチベーションが上がります。

---

★
『ジャパンタイムズ（The Japan Times）』
（英字新聞／ジャパンタイムズ）

the japan times
Emergency actions face legal limitations

読みやすい英文・紙面構成です。ボクは記事やコラムをひとつでも読んだら「今日も勝った」とか思ってます。

週刊モノもいくつか種類がありますが、オススメは『朝日ウイークリー』★です。「英和新聞」なので、日本語での解説も豊富です。

週刊モノは1日で読破するのは大変なので、**カバンに入れっぱなしにしてスキマ時間で読むのが続けるコツ**です。1週間以内に読みたい記事だけ消化すればOKです。

## 今日からは…

**英字新聞はひとつでも記事を読めばモトは取れる！気軽に始めよう!!**

★『朝日ウイークリー（Asahi Weekly）』
（英和新聞／朝日新聞社）

英語のレベル別に色分けされているので、自分のレベルに合わせて一瞬で記事を選べます。

# Part 3のまとめ

- ネイティブにも日本人にも「英文法」は必要。
- 英文法は大人の最大の武器「論理的思考」で身につける。
- 速く読むには「単語の瞬発力×英文解釈力×音読力」が大事。
- お気に入りのマンガ・小説で英語が勉強できる。
- 英字新聞はひとつでも記事を読めばモトは取れる。

Part 4

# 世界一わかりやすい「リスニング・発音の勉強法」

「ポーランドの人は英語が苦手なの。
だから私が頑張らなくっちゃ」

ワルシャワ（ポーランド）の電車で隣に座った現地の英語教師

① 「4つの知識」で英語が聞こえるようになる

## ★リスニングができない原因とは？

従来のリスニング対策は「耳を慣らそう」「スピードに慣れよう」という精神論が多く、英語のしくみが分析されることは、あまりありませんでした。けれども、精神論だけでリスニングをやっていると、膨大な時間がかかります。★

実は、リスニングで一番問題なのは、**「聞こえない」のではなく「知らない」**ってことなんです。

---

★ボクも大学のとき「耳を慣らす」という目的で、聞き流すだけのリスニングを1日2時間、1年間続けましたが、リスニング力が上がったという実感はまったくありませんでした。

**●「知らない」とリスニングはできない！**

**①「正しい音（弱形）」を「知らない」**
**②「速い」のではなく「短い」という事実を「知らない」**
**③リスニング特有のルールを「知らない」**
**④読解力がないとリスニングもできないという事実を「知らない」**

## ①「正しい音（弱形）」を「知らない」

たとえば and は、決して「アンド」ではなく、実際は「ン」と聞こえます。★

とかくリスニングになると「聞こえないからダメ」と思わされますが、and のように、**「聞こえない」どころか「最初からそうは言ってない」**★ってことがホントによくあるんです。

---

★**だ**から ham and eggs「ハム・ン・エッグズ」が「ハムエッグ」に聞こえたし、gin and tonic は「ジン・ン・トニック」が「ジントニック」に聞こえちゃったんです。「ン」と発音する and が聞き取れなかったんですね。

★**こ**ういうときは「聞き取れなかったぁ……」と言って音声を何度も聞き直す必要はないんです。落ち込む必要はないんです。「バッチリ聞こえなかったぜ！」が正しいリアクションなんです!!

## ★and は「アンド」とは発音しない！

辞書で証明してみましょう。and を辞書でひいてみてください。《弱》や《強》という2種類の発音があるはずです。

これを専門用語で「弱形」と「強形」と言います。

弱形…普段の発音　例“and”の弱形は「ン」「アン」「ンド」

強形…強調・丁寧に言うときの発音　例“and”の強形は「アンド」

学校では単語を「強形」で教わります。

でも、**実際の会話では「弱形」で発音される**★んです!!

ぜひ、この「弱形」をマスターしてください。リスニングの世界が劇的に変わるはずです。弱形は基本単語にしかありませんから、ちょっと頑張

★辞書でも「弱形が先に」書いてあるはずです。「強形より弱形をよく使う」証拠です。

## リスニングの世界が変わる「弱形」の例

| | | 強形 | | 弱形 |
|---|---|---|---|---|
| 前置詞 | for | ~~「フォー」~~ | ➡ | 「フ」 |
| | from | ~~「フロム」~~ | ➡ | 「フム」 |
| 代名詞 | him | ~~「ヒム」~~ | ➡ | 「イム」 |
| | our | ~~「アウア」~~ | ➡ | 「ァー」 |
| 接続詞 | and | ~~「アンド」~~ | ➡ | 「ン」 |
| | or | ~~「オワ」~~ | ➡ | 「オー」 |
| 助動詞 | can | ~~「キャン」~~ | ➡ | 「クン」 |
| | have | ~~「ハヴ」~~ | ➡ | 「ァヴ」 |
| その他 | some | ~~「サム」~~ | ➡ | 「スム」 |
| | any | ~~「エニィ」~~ | ➡ | 「ァニ」 |

「聞こえない」どころか
「最初からそうは言っていない」単語が
たくさんある

るだけで、あっさりマスターできます。弱形については、『カラー改訂版CD付 世界一わかりやすい英語の発音の授業』★をお読みください。リスニングの考え方が180度変わるはずです。

## ②「速い」のではなく「短い」という事実を「知らない」

「速いスピードで聞けば普段の英語が遅く聞こえる」という方法を耳にしたことがあるかもしれません。これをうのみにして、ボク自身もひたすら速い英語を聞きまくったこともあります。でも普通のスピードに戻して聞いても、ひとつひとつの細かい音がわからないから、なんかモワ～ッと英語が流れるだけで、結局何を言ってるのかわかりませんでした。

実は、英語は**「速い」のではなく「短い」だけ**なんです。

たとえば、and は「アンド」ではなく、本当の発音は「ン」でした（①の「弱形」です）。「アンド」→「ン」になってるので、発音する時間は3分の1になります。

---

★
**『カラー改訂版 CD付 世界一わかりやすい英語の発音の授業』**（関正生／KADOKAWA）

「学校で教わるのは『強形』、でも実際の発音は『弱形』だ」ということをはじめて解説した本だと思っています。付属CDで正しい音を確認できます（アメリカ人の方と4時間、渋谷のスタジオにこもってレコーディングしました）。

言い換えれば、3倍速で発音されてるように感じるんです！　発音が「短い」から、しゃべる時間も短くなる。それを「速い」と錯覚するんです！

ですから、やみくもにスピードを上げても効果はありません。無免許で高速道路を走るようなもんです。★まずは正しく運転できる（リスニングできる）ことが先ですよね。

### ③リスニング特有のルールを「知らない」

リスニング特有のルールとは、たとえば「語末の子音は聞こえない」というルールです。Oh, my God! は「オーマイ、ガッ」と聞こえるはずです。God の"d"が「のみ込まれて聞こえない」わけです。

ほかにも「音がくっつく」ルールとして、stand up「スタンダップ」や、an apple「アナップル」があります。こういうリスニングのルールが書いてある本はたくさんありますから、書店ですぐに見つかると思います（もちろん右ページで紹介した本にも書いてあります）。

★「高速道路を降りたら、一般道のスピードを遅く感じる」なんてたとえられますが、そもそも運転がきちんとできないのに高速に乗ったら大変なことになります。スピードを速くする前に「ちゃんと運転できる（＝ひとつひとつの音を聞き取れる）」という当たり前の練習が必要なんです。

## ④読解力がないとリスニングもできないという事実を「知らない」

英語を読むときに「返り読み」したり、「日本語に訳してから意味を考える」という段階では、リスニングのスピードについていけません。「英語は英語で考えよう」と言われるときもありますが、このアドバイスだけでは、どうすればいいかわかりませんよね。

「英語で考える」ようになるためには、徹底的な音読が必要です（97ページ）。英文を読むときに、返り読みせず、英語を英語のまま考えられるようにするための訓練が「音読」です。

実は、**リーディングの延長線上に、リスニングがある**んです。

リスニング上達のためにも、読解力をつけ、音読を続けてください。

今日からは…

**「正しい音（弱形）」「短い音」「特有のルール」「読解力」でリスニング力は劇的に上がる！**

リーディングとリスニングには相乗効果がありますので、リスニングを続けると、読むスピードも上がるはずです。

## 英語が「聞こえる」ために必要な知識

### 「4つの知識」を増やしていけば、聞こえる英語が増えていく

**① 正しい音**

思い込んでいる音と実際に話している音は違う

**② 短いという事実**

“and” の発音は「アンド」ではなく「ン」。英語は「速い」のではなく「短い」

**③ 特有のルール**

「語末の子音は聞こえない」「音がくっつく」など、リスニングにはルールがある

**④ 読解力**

頭の中で日本語に訳さず、英語のままで意味をとる

**リスニングで問題なのは「聞こえない」より「知らない」こと**

## 2 1段上を目指すならシャドーイングを毎日やる

### ★リスニングの理想的な勉強法「ディクテーション」

ここではリスニングの具体的な勉強法をお話しします。

まず、理想はディクテーションです。ディクテーションとは「聞こえる英文をすべて書き取ること」です。

書き取るために何回も集中して英語を聞き直しますし、自分が聞き取れない単語（弱形が多いと思います）がハッキリしますので、本当に効果があります。

ただしこれ、メチャクチャ時間がかかります。すべての教材でやるのはムリがあるので、**週にひとつだけ（数行／1分程度の英文）をディクテーション**

**するのが続けるコツ**です。

ディクテーションするときは、文脈を考え、文法知識をフルに駆使しながら、英文を書き取ってください。★そうすることで、リスニングをしながら文法や英文の構造に気をつける習慣がつきます。

## ★メチャクチャ効果がある「シャドーイング」

ディクテーションには時間がかかりますので、実際に毎日やってほしいのはシャドーイングです。

シャドーイングとは「リスニングしながら、その英文に影（shadow）のようにくっついて声に出していくこと」です。

文字で説明するとカンタンそうですが、実際はメチャクチャ大変です。でもメチャクチャ効果があります。★

ただ聞き流すだけだと、一瞬ボーッとしちゃったり、いつの間にか電車

---

★文法や文脈からリスニングを補うことは、決して邪道ではなく、ネイティブもやっていることです。

★シャドーイングをするために集中して英語を聞くわけですから、リスニングの勉強の密度が上がり、その結果、リスニング力が上がります。細かい音が聞き取れるようになるんです！

の中吊り広告を読んでいたりするものですが、シャドーイングは自分の口を動かしてる分だけ、ボーッとすることが激減します。

最初はスクリプトを見ながらやってOKです。

5回ぐらいスクリプトを見ながらシャドーイングしたら、今度はスクリプトなしでやってみてください。5回も見たはずなのに、全然できないと思いますが（誰もがそうです）、わからないところはまたスクリプトに戻って確認します。

これを何回もこなして、最終的に何も見ないで、しかも1回もつっかえずにシャドーイングできる状態までいけば、その英文は終了です。

これひとつやるだけで、何時間もかかると思います。でもやってください。「英語が聞き取れる」喜びを思えば、つらくてもやり通せます。

最初は3分間シャドーイングできることを目指してください（1分の英文3つでも、3分の英文ひとつでもOK）。完璧にできるようになるまで2週間以上かかるかもしれませんが、頑張ってください。

これを繰り返して**20分のシャドーイングができるようになったら、確実に1段レベルアップしたのが実感できる**はずです。

教材は何を使ってもOKですが、もし迷ったら『究極の英語学習法 K／Hシステム 基本編』★がシャドーイング用の本です。

シャドーイングするときは、実際に声に出すのが理想ですが、かなりの上級者（TOEIC900点レベル）じゃないと、慣れないうちは自分の声によって、リスニングで聞いてる英語がかき消されてしまいます。

ですから、小声で、もしくは声に出さないで口パクでシャドーイングし★てください。これなら電車の中でもできるので、リスニングの勉強時間が一気に増えます。

## ★音の記憶力をつくる「聞き覚え」

リスニングの勉強では、同じ教材を何度も何度も聞き込んでください。

たくさんの英文を1回だけ聞くよりも、**同じ英文を何度も聞くほうがリ**

---

★
**『究極の英語学習法 K/Hシステム 基本編』**
**（国井信一・橋本敬子／アルク）**

たったひとつの文章を徹底的にシャドーイングする硬派な本です。シャドーイング自体はボクも知ってましたが、この本で「ここまでやるのね」と感心させられました。

★
ボク自身も、電車やカフェの中でしかシャドーイングしないので、実際に声を出すことはありません。すべて口パクのシャドーイングです。

**スニング力は上がります。**ひとつの英文を完璧にシャドーイングしたら、その英文は終了ですが、50回以上聞くことになると思います。

「音の記憶力」をつくるわけです。

「見覚え」ではなく「聞き覚え」するまで、「音を脳に染み込ませる」つもりで聞きまくってください。

歩いているとき、ちょっとした移動時間、電車の乗り換え時間、コンビニで並んでいる時間……、ささいな時間を有効活用できます。

「ちりも積もれば山となる」ので、**この方法で1日40分は、勉強できる時間が増える**はずです。確かに歩いてるときは集中しづらいのですが、何もしないよりはずっとマシですよね。★

## 今日からは…

## 「口《くち》パクシャドーイング」でリスニングの力を伸ばす！

★ボクはここ17年以上、ひとりで歩くときは常に英語を聞いてます。予備校の生徒は、ボクがいつもイヤホンをつけたまま校舎に入ってくるのを見たはずです。あれ、音楽じゃなくて英語を聞いてたんですよ。

# ディクテーションとシャドーイングの使い分け

**ディクテーション** 聞こえる英文をすべて書き取る

**数行 or 1分程度の英文を週にひとつだけ**

**シャドーイング** リスニングしながら、その英文にくっついて声に出す

**3分程度の英文を毎日やる**

# ③ ボクが人生で一番聞き込んだ、とっておきの教材

## ★ムリに海外のドラマを見る必要はない

従来、リスニングの教材といえば、洋画・海外ドラマばかりでした。もちろんこれでもいいんですが、ボクは英語講師とは思えないくらい、こういうものに興味がないんです。そこでいろいろ考え、探し出した面白い教材を紹介します。

まずはＤＶＤ・ブルーレイの『となりのトトロ』★『魔法にかけられて』★。授業でこれを話すだけで生徒は笑顔になりますが、大人のボクが見ても飽きずに最後まで見ることができました。

★『魔法にかけられて』
(Blu-ray・DVD／ウォルト・ディズニー・ジャパン)
非常に聞き取りやすい英語でオススメです。

★『となりのトトロ』
(Blu-ray・DVD／ウォルト・ディズニー・ジャパン)
日本で一般的に販売されている日本語のDVDですが、音声切替を利用して英語で聞くこともできます。

## ★誰もオススメしない「とっておきのリスニング教材」

ボクが一番ハマったのは、日本のアニメの英語版です。

洋画に興味がないボクは「日本のアニメの英語版が存在するはず」と思って執念で探しまくったら見つかりました。

1975年生まれのボクの世代で言うと、『Dragon Ball』★『DEATH NOTE』★などいろんなアニメの英語版がヒットでした（『ONE PIECE』などもあります）。本は大型書店で売ってますが、DVDはまず見かけません。

内容は言うまでもなく面白いので、多少聞き取れないところがあっても気になりません。

しかも**「何度見ても飽きない」**というのが最大のメリットです。

★『DEATH NOTE』
（DVD／FUNIMATON）
完璧な英語教材です！　会話の量が多いのと、登場人物が冷静に話してくれるのでホントにリスニングの勉強になります。しかも、どの声優の配役も完璧で、登場人物にピッタリの声でしゃべってくれます。

★『Dragon Ball』
（DVD／FUNIMATON）
内容は最高なのですが、物語の後半は「ウォォォォ」みたいな叫びが多く、英語が少なくなってしまうのが残念です。

## ●DVDで見る場合

以前は海外からDVDを取り寄せるのが大変だったのですが、いまはアマゾンなどで「アニメのタイトル＋英語DVD」で検索すれば見つかることが多いです。

ただし、海外のDVDは日本のデッキで再生できない可能性があります。その場合は「リージョンフリー」のDVDデッキ★が必要となります。ネットで検索するか、秋葉原の外国人向けの電器店などで買えます。

## ●動画配信で見る場合

動画配信サービスはご存じの方も多いでしょう。Amazon Prime や Hulu などがあります。すでに登録しているものを利用すればOKですが、もしこれから登録するのであれば、まず試してほしいのは Netflix★ です。英語学習者にとって便利な機能があります。

---

★最新の事情にはくわしくないので、価格は各自お調べください。ボクの場合は2010年に、5600円（ノーブランド）、1万7000円（ノーブランド）、2万6000円（SONY製）を買いましたが、SONY製のものは今も好調です。

★
**Netflix**
ぜひ「Language Learning with Netflix」という Chrome の拡張機能を使ってみてください。英語と日本語の字幕を同時に出すことができ、さらに「再生速度の変更／3秒巻き戻し／セリフのリピート／単語の意味を表示／単語・フレーズをリストに追加／単語の検索」など様々な機能が使えます。また、アニメ以外にももちろん、映画・ドラマ・ドキュメンタリーも見ることができます。

なんだかんだ言って、ボクが人生で一番聞き込んだリスニング教材は『DEATH NOTE』です。本当に、**苦労なく英語の勉強ができる最高の教材**です。

今日からは…

**日本のアニメで勉強できる!!**

## 4 ニュース英語の聞き取りは「雑誌」がベスト

### ★雑誌には「補助」がある

誰でも「毎日のニュースを英語で聞けたらいいなあ」という憧れってありますよね。**英語ニュースは、洋画より確実に一段階聞き取りやすい**んです。その理由は、きちんとしたニュースキャスターたちが読んでいるので、単語も発音もそれほど崩れないためです。もちろんネイティブのガチスピードですから、レベルは相当高いですが、英語学習のひとつの到達点として、とてもよい目標になると思います。

さて、英語ニュースといえば、最近はネットやアプリで読むのが一般的になっています。確かに最新のものを聞けるというメリットはありますが、やはり何の補助もないのは学習者にはかなりしんどいでしょう。

そこでオススメなのが、CNNで放送されたニュースから抜粋して、雑誌にまとめた『CNN ENGLISH EXPRESS』★です。

雑誌にまとめる分だけ、ニュース自体にはタイムラグが生じるのが欠点といえば欠点ですが、世界中の最新のニュースを常にいますぐ知らないといけないという人はあまりいないでしょうから、特に問題はありません。

実際、ボク自身、「世界のニュースにくわしいですね」とほめられることが多く、さらに毎年の大学入試で出そうな最新の話題（プラスチック汚染、同性婚、医療大麻など）を予想・的中して、業界に一石を投じることができた、その情報源はこの雑誌なんです。

そして何よりも、**ニュースの背景・語句の注・和訳・ちょっとしたポイン**

★『CNN ENGLISH EXPRESS』
（雑誌／朝日出版社）

記事抜粋のセンスが抜群で、本当に「あ、これ読みたい！」と思うようなものばかりです。月に1回ですし、負担もあまりかからないと思います。

**トなどもついているのが大きなメリット**です。どうしてもニュースを英語で聞いていると、わからないところはそのままになってしまいます。いくらニュースでよく使われる決まり文句であっても、わからなければ永久にそのままなんですが、この雑誌では文字で確認することができますので、確実に実力をつけていけるはずです。

また、「CNN English Express 編集部」のツイッターアカウント（@asahipress_ee）では、ニュース映像をそのまま載せていることもあるので、ぜひチェックしてみてください。

今日からは…

**ニュース英語のリスニングには雑誌を利用しよう！**

## 5 リスニングに有効な動画サイト

### ★YouTubeとInstagramで勉強する

英語を使った動画はものすごくたくさんありますので、各自の好みで選んでOKです。ここでは英語の勉強に適したYouTube動画を2つ、Instagram動画を3つ紹介します。

まずはYouTubeから。「ONLY in JAPAN」★は英語で日本のことを紹介するチャンネルです。食事・文化はもちろん、自動販売機や猫カフェなど、様々なジャンルを扱っています。

リスニングの練習に加えて、外国人から見た日本の姿を知ることができてとても面白いです（日本のサンドウィッチが素晴らしいとか）。また、通訳案

---

★
ONLY in JAPAN
https://www.youtube.com/user/ONLYinJAPANWAORYU
すべて英語なので、ある程度の英語力は必要ですが、丁寧に発音してくれるので、実際の日常会話よりはずっと聞き取りやすく、日本語字幕がついている動画もあります。

内士の対策としても楽しく勉強できます。

もうひとつは、「『あいうえおフォニックス』英語発音」★です。発音・文法・熟語などを説明してくれる動画（説明は日本語のときと英語のときがあります）で、説明自体は英語の初歩の内容を扱っているのですが、英語の読み上げがナチュラルスピードなので、かなりリスニングの勉強にもなります。


次はInstagramです。

リスニングの力をつけながら、英会話で言いにくい表現を学びたいなら、「ネイティブ30秒英会話（@english_native_）」★がオススメです。30秒の動画で「やれやれ」「ぼーっとする」「大人の味」「バズる」など、会話でよく使われるカジュアルな表現を学べます。

英語のフレーズを学びたい人は「1分 英語 勉強☯（@rupasensei）」★がオススメです。ポジティブで元気なオーストラリア人男性が日本語で解説してくれます。

イギリスの放送局ＢＢＣが提供しているのが「BBC Learning English

---

★
**『あいうえおフォニックス』英語発音**
https://bit.ly/3amGC9g

子どもが英語を読み上げるので、ときどき容赦ない（日本人学習者に配慮してくれない）感じのスピード・読み方になることがあり、それがかえってよい刺激・勉強になります。

★
**ネイティブ30秒英会話**
(@english_native_)
https://www.instagram.com/english_native_/

字幕があるので初中級者も十分勉強になりますし、かなり速い英語で話すので上級者にもよいトレーニングになります。

(@bbclearningenglish)」★です。まぎらわしい発音や単語、表現の違い、最新ニュースに関する語彙を説明してくれたりします。

以上、動画で英語を勉強したい人は、ここで紹介したものをいくつか見て、そのまま続けるのもいいですし、「こういうのが勉強になるのね」と頭に入れて、いろいろと探してみるのもいいでしょう。

動画はリスニングと相性がとてもいいので、**みなさんがそれぞれどんな場面でのリスニングの力が必要かを考えて、それに合った動画を見ればいい**でしょう。また、「面白くないと続かない」のは当然ですから、自分の好みでわがままになって、好きなものを選んでください。

## 今日からは…

**動画はリスニングとの相性抜群。好きなものだけを見よう！**

★ BBC Learning English
(@bbclearningenglish)
https://www.instagram.com/bbclearningenglish/
アプリやYouTubeなどもあるので、連携して学べる点も便利です。提供されている素材は幅広いので、自分の興味があるものだけ見るといいでしょう。

★ 1分 英語 勉強☯(@rupasensei)
https://www.instagram.com/rupasensei/

なんか飽きない、見ていて楽しい動画です。

# 6 発音記号を覚えると英語の音を聞き分けられる

## ★「発音」でリスニング力・語彙力がアップする

発音がよくなれば、当然会話がスムーズになりますし、単純に「カッコいい」ということもあります。

でも**発音を改善する最大のメリットは「リスニング力・語彙力がアップする」**ことなんです。

たとえば、楽器に興味がないと、CDを聞いていても全体のメロディと歌手の声しか聞き分けられません。★でも、ベースを弾いた経験があれば、メロディの中からベースの音を拾い出し「聞き分けられる」ようになりま

★一番なじみのある楽器はボーカルだからです。

す。ドラムをやっていればドラムの音だけを拾えるようになります。

英語のリスニングもこれと同じで、ひとつひとつの音を聞き分けられるようになってはじめて「リスニング力がアップ」するんです。

また、「なぜ発音で語彙力が上がるのか」ですが、実際に受験生を見ていると、単語が弱い受験生は間違いなく発音がいいかげんです。適当にノリだけで読んでるので、きちんと脳に染み込まず、結果、単語の意味も頭に残らないんです。発音をきちっとこなすことで、**英単語の1音1音が脳に染み込み、より覚えやすくなる**はずです。

## ★「発音記号ってホントに必要なの？」

発音をよくするには、まずは「発音記号」をマスターするべきです。★

こんな便利なものを使わない手はありません。

困ったことに最近では「ネイティブは発音記号を知らない。日本人だけ

★発音記号は［æ］とか［ŋ］とか、形がいびつなので難しそうに見えますが、一度取り組んでしまえば、意外とカンタンですよ。

あんなことをやってる」という声も聞きます。

でも、ネイティブと同じように発音を習得しようと思ったら、彼らが子どものころに費やした時間と根性が必要です。★

ですから、**日本人は発音記号という便利な道具を使うべき**です。

発音記号がなんでそんなに大事なのか、2つ理由があります。

**●発音記号が大事な理由**
**①正確な「音のイメージ」が浮かぶ!**
**②発音記号は「ルビ」と同じ役目!**

## ①正確な「音のイメージ」が浮かぶ!

たとえば楽器を始めるとき、音符が読めると「正確な音のイメージ」が浮かびますし、譜面を見るだけで頭の中で音楽が流れます。さらに楽器の習得スピードも格段に違うはずです。

★「母語」の習得と「外国語」の習得は、根本的に違うものなんです!

発音記号は音符と同じ働きをします。

発音記号がわかると「正確な音のイメージ」が耳に焼きつき、英文を見ているときに**「正しい音」が頭の中で鳴り響きます。**学習スピードも劇的に速くなるはずです。

## ② 発音記号は「ルビ」と同じ役目！

漢字にはいくつも読み方がありますよね。「小《しょう》説を読んでいる小《お》川さんの小《ちい》さい頭に小《こ》鳥がいる」の「小」はすべて読み方が違います。

英語の世界でこのルビの役目（「こう読んでね」という指示）をするのが「発音記号」なんです。ボクたち日本人はいちいちルビがなくても日常で使う漢字はたいてい読めますが、子どもや日本語がつたない外国人にはルビが必要です。

それと同じように、英語ネイティブの人は発音記号がなくてもスペルを正確に発音できます。★だから彼らには発音記号は不要なんです。

---

ま★ あ、読み方を間違えるネイティブもいるけど。

Part 1 メンタル
Part 2 単語・熟語
Part 3 文法・リーディング
Part 4 リスニング・発音
Part 5 ライティング・スピーキング
Part 6 学習ツール
Part 7 試験対策

でも日本人には「こうやって読むんだよ」という発音記号があったほうが、ずっと正確に英語の音をマスターしていけるんです！

発音記号をマスターするには『世界一わかりやすい英語の発音の授業』をご覧ください（114ページ）。教科書的なカタイ説明ではなく、スッとアタマに入る解説を心がけました。また、発音には「英語の雑学★」満載です。いろんな「なぜ？」が解消されていくはずです。

発音記号、ぜひマスターしてくださいね。

## 今日からは…

**リスニング力・語彙力アップのために、発音記号をマスターしよう！**

★ n（ナ行）は上下の唇がくっつかず、m（マ行）は唇がくっつきます。interesting は in になって、important は im になるんです。これを知っておけば、「てんぷら」が tempura、「天丼」は tendon になる理由もわかりますね。

## 発音記号が大事な理由

### ①正確な「音のイメージ」が浮かぶ

### ②「ルビ」の役割を果たす

単語や文章が聞き取れるようになり、
単語が脳に染み込んで語彙力もアップする

# Part 4のまとめ

- 「4つの知識」でリスニング力は劇的に上がる。
- 「口《くち》パクシャドーイング」を毎日やる。
- 日本のアニメでもリスニングの勉強ができる。
- 動画は自分に関係のある題材を中心に、好きなものを選んでOK!
- 発音改善でリスニング力・語彙力がアップする。

Part 5

# 世界一わかりやすい「ライティング・スピーキングの勉強法」

▼

「君は普段何カ国語を話すんだい?」

UAEの砂漠で出会った
ミラノ(イタリア)出身の物知りなおじさん

# 1 英文は「子どもに説明する」発想で書く

## ★例文を暗記しなきゃダメ？

これまでの日本の英語教育では、英作文の勉強といえば「例文暗記型」でした。これはこれでアリですが、必ずしも例文を暗記しないと英作文ができない、ということではありません。

ボク自身、例文暗記が苦手で、いままで暗記したことは一度もありません。これまでに何十万人と教えてきましたが**「例文を暗記しろ」とは一度も言ったことがありません。**それでも、生徒たちは大学に合格しています。

例文は、英語を勉強する中で「この文を覚えておくと、いろんな場面で使い回せるな♪」と思うときだけ覚えれば十分です。

## ★アタマを使えば暗記は激減する

ライティングは「メッセージが伝われば合格」です。自分の言いたいことがきちんと伝わればOKなんです。メッセージを伝えるために一番大事なことは**「子どもに説明する」という発想**です。

たとえば「それの賞味期限は今日です」を英語にするとき、従来の英作文では「賞味期限って何て言うの？」と考えて、「それを知らなきゃアウト」という強迫観念を植えつけられます。

でも「子どもに説明する」という発想があればカンタンです。★子どもに向かって「賞味期限」なんて言葉は使わないはずです。「今日、食べなさい」と考えて、You have to eat it today. でOKです！また、「イタリアに留学している」なら「イタリアで勉強している」っ

★この発想はスピーキングでも効果を発揮します。

て子どもに説明すると思います。He is studying in Italy. でOKです！

このように、いきなり「言いたいことを英訳」するのではなく、まずは「言いたいことを和訳」します。目の前に子どもがいるつもりで（幼稚園の先生になったつもりで）、**やさしい日本語にほぐしてあげてください。**

この発想をくわしく説明した本が『カラー改訂版 世界一わかりやすい英作文の授業』★です。

## ★「言い間違い」より「書き間違い」のほうが重大

スピーキングと違って、ライティングはある程度きっちり書くことを目標にしてください。日本語でも、ちょっとした「言い間違い」はあまり気になりませんが、**「書き間違い」というのは、とんでもない誤解を引き起こす**ことだってあります。

たとえば、みぞおちを押さえて「超こめかみ痛い」って言われたら「お

---

★
**『カラー改訂版 世界一わかりやすい英作文の授業』**
**（関正生／KADOKAWA）**

世間では「英作文は中学英語で書く」とよく言われますが、「その中学英語で書くコツ」は一切説明されません。「どうすれば中学英語に変換できるか？」と「英語アタマになるためのコツ」を説明しました。この発想はスピーキングにも役立つはずです。

丸暗記不要の英作文のコツ

# 伝えたいことを「子どもに説明する」発想で言い換える

アタマを使えば、
例文の暗記は必要ない

いおい」ってツッコミを入れられますが、文章で「こめかみが痛いので胸に手をあて……」と書かれたら、何言ってるかわかりません。

あまり神経質になる必要もありませんが、文法をしっかりやって、ひどいミスだけは避けるのが英語を使うマナーだと思います。文法を確認しながらライティングを勉強したい方には『大学入試 肘井学の 作文のための英文法が面白いほどわかる本 音声ダウンロード付き』★がオススメです。また、自分が書いた英文をおもに文法面からチェック（たとえば冠詞・名詞の単複・時制・前置詞の誤りなどを指摘）してくれるオンラインサービスもあり、もし興味があるなら「Grammarly」★がオススメです。

**今日からは…**

**「子どもに説明する」発想でやさしく言い換えれば、難しい単語を覚えなくても英文が書ける！**

---

★
Grammarly
オンラインの英文添削サービス。ボクの事務所で働く上智大学生の話では、上智のイギリス人教授もオススメしていたそうです。

★
**『大学入試 肘井学の 作文のための英文法が面白いほどわかる本 音声ダウンロード付き』**

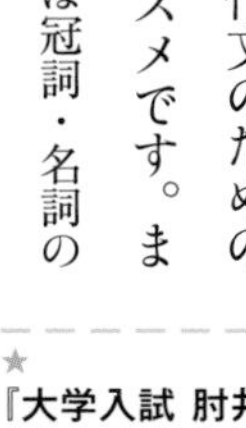


（肘井学／KADOKAWA）
文法をきっちりと確認しながら英作文を進めていけるので、どこが弱点なのかハッキリとわかります。

# ② 英会話に「決まり文句の丸暗記」は必要ない

## ★丸暗記の英会話ではキモチがこもらない

英会話といえば、世間でよく言われるのが「決まり文句を覚えよう」ということですが、丸暗記する作業は苦痛です。時間もかかります。覚えてもすぐに忘れちゃいます。

何よりも、**丸暗記した英会話ではキモチがこもりません！**

会話表現も、きちんと理屈から考えれば丸暗記は不要です。

たとえば、Come on! は「よせよ！」と従来の英会話本には載っていますが、丸暗記ではなく、きちんと理屈から考えてみましょう。

みなさんがマジメに話してるときに、相手がボケたとします。

その相手に「ボケてないで、マジメに話しているオレのところへ来いよ（Come on!）」→「おいおい、よせよ」ってことなんです。

**"Come on! = ツッコミ"** と考えれば、Come on! の訳し方はなんでもOKなんです。「よせよ！」「勘弁してよ！」「なんでやねん！」とかいくらでもありますよね。

だからCome on! を「よせよ！」って丸暗記するのはナンセンスなんです。Come on! はツッコミです。これだけ覚えておけばOKです。

このように英会話を理解したい方は、『カラー改訂版　世界一わかりやすい英会話の授業』★をご覧ください。

---

★

**『カラー改訂版 世界一わかりやすい英会話の授業』**（関正生／KADOKAWA）

よく使う英会話の決まり文句を徹底的に解説しました。文化背景の違いもわかって楽しく読める本にしました。

決まり文句も理屈から覚えられる

**Come on!** よせよ!

「ボケてないで、マジメに話しているオレのところへ来いよ」

➡ 「おいおい、よせよ」の意味になる!

理屈で考えると、
ムダな暗記を減らすことができる

英会話の決まり文句をきちんと考えていけば、丸暗記がなくなって頭に残りやすくなるだけじゃなく、その英語が持つ本来のキモチが伝わってくるものなんです。

「いまこの瞬間、英語を使ってる」という実感が持てますよ。

## 今日からは…

**決まり文句は理屈で覚えれば、もっと上手に使いこなせる!**

# ③ 会話の間をつなぐキラーフレーズを覚えておく

## ★単語が出てこないときはどうすればいい？

会話中に英語が出てこなくて黙ってしまい、気まずくなることはよくありますよね。そこで！　目の前の相手を利用しちゃいましょう。たとえば「望遠鏡」が英語で出てこないとき、その単語をクイズにしちゃえばOKです。Galileo used it. とか You use it to watch stars. のように、出てこない単語を it にして、思いつくことをバンバン言います。**目の前の相手にクイズを出す**んです。

相手も"Telescope!"って答えながらテンション上がってますよ、きっと。★

★これこそが本当の「会話」ですよね。

## ★間をつなぐときも「英語」で

英語が出てこないときには、**気まずい間を埋めるキラーフレーズ**が便利です。日本語で「んあ～……」とか「え～……」って言うのは、日本語を知らない外国人からしたら、かなり不気味です。いきなり変な音を発しだすわけですから。

「えーっと」という意味の well や let me see を使って間を持たせましょう。ゆっくり「ウエ～……ル」って言うと、相手にも「考え中」ってことが伝わりますし、実際に考える時間が稼げます。

**今日からは…**

**単語が出てこないときは、会話相手を利用 or 英語で間を持たせよう！**

し★ かもこれ、クセになるのでやめたほうがいいです。

# 言葉が出てこないときの「キラーフレーズ」

## ①会話相手を利用しちゃう!

出てこない単語を「it」にしてクイズを出す

★使えるフレーズ

- a kind of ～「一種の～／～みたいなもの」
- You use it to ～「～するために使う」

## ②間をつなぐ!

★使えるフレーズ

- well / let me see「えーと」

## ③ひとり言っぽく言う!

★使えるフレーズ

- What is it called?「あれって何て名前だっけ？」
- What should I say?「どう言ったらいいかな？」
- It slipped my mind.「忘れちゃった」
  ※slipは「滑る」（直訳：心から滑り落ちる）

## 4 「書く練習」が英会話にブレイクスルーを起こす

### ★スピーキングには膨大な時間がかかるという事実

あいまいな「英会話」という言葉を、ボクなりに定義するなら「自分の意見を英語で表現すること」だと思います。

「英会話＝外国人との雑談だけ」だと思っている人は「英文法はいらない」とか言ってしまいますが、自分の意見・考えをきちんと伝える「本気の英会話」には、英文法の知識が絶対必要です。世間の「文法を考えてるから会話ができない」なんていう言葉に振り回されず、正しい勉強を続けてください。

**スピーキングはライティングと表裏一体**の関係にあります。

「アタマの中で英文をつくりだす発想」はライティングとまったく一緒です。スピーキングの練習で壁にぶつかったら、やみくもに話す量を増やすより、**一度じっくりライティングの練習をすると、ブレイクスルーが起きる**はずです。142ページの「子どもに説明」という発想を参考にしてください。

スピーキングやライティングは、マスターするのに想像以上の時間がかかることを覚悟しておいてください。スピーキング・ライティングは「表現する英語（アウトプット分野）」で、単語・文法・リーディングは「理解する英語（インプット分野）」です。

**ある人の「理解する英語力（読める英語）」を「100」だとすると、実際に「書ける英語」は「10」、「話せる英語」は「5」**というのがボクの考えです。

日本語でも同じです。たとえば、誰でも小説を読んで「理解する」ことはできますが、その小説のような文章を「書く（＝表現する）」ことはできません。難しいスピーチを聞く分には問題ありませんが、実際に「話せ」と言われたら、言葉はなかなか浮かんでこないものですよね。

しかも「英語を書く」ときは時間に余裕がありますので、書きながらいろいろ考えられますし、英文を目でも確認できます。

でも**「話す」ときには「英語の瞬発力」**★**が必要**になります。

ライティングやスピーキングを練習するときに、このギャップを教えてもらえないので、学習者はすぐヘコんじゃいます。「いくらやってもしゃべれねぇ」って。

語学は誰でもできる素質を持っている反面、ものすごく時間がかかるというのも事実です。それを知っておくだけで、無意味にすぐヘコむこともなくなりますよ。

★普段から英文を書くときは「できるだけ速く書く」習慣をつけておくと、スピーキングの練習にもなります。

## ★「英語の瞬発力」をつける練習法

本気でスピーキングをマスターしようとしたら、かなりの練習が必要です。スピーキングのためには、まずは「読める英語」を増やす。次に「書ける英語」を増やすために、ライティングの練習をこなします。これでやっとスタート地点なんです（厳しいけど現実です）。

次に、「英語の瞬発力」をつける練習をします。

ライティングでできた英文や使いたいフレーズを、**目線をはずして（何も見ないで）3回復唱**してみてください。手元に英文がなければ、この英文で。

The weather forecast says it will snow tomorrow.

「天気予報では明日は雪だ」

さあ、ページをめくる前に3回復唱してみてください。

詰まりますよね。それが普通です。
まずはゆっくり2回。その後、普通のスピードで1回。
それができたら、少し速めのスピードで3回連続で言ってみてください。

かみますよね。それが普通です。
**一度もかむことなく3回言えたらクリア**★です！

また、良質な英文を使って会話を練習したい人にオススメなのは『NOBU式トレーニング コンプリートコース 話すための中学英語』★です。

## ★日常生活に「スピーキングの練習」を埋め込んでしまう

電車の中で、中吊り広告を英語にしたり、窓の外の景色を英語にしたり、テレビを見ながら芸能人の言葉を英語にしたり、**とにかく日常に英語を埋め込んでしまいましょう。**

歩きながら、目に入った街の景色を英語で説明していきましょう。ボソ

---

★これ、予備校の授業でさせて、10分授業が中断したこともありました。そうカンタンにできることじゃないんです。逆に言えばこういう練習が絶対に必要なんです。

★『NOBU式トレーニング コンプリートコース 話すための中学英語』（山田暢彦／IBCパブリッシング）

中学レベルの英語を確認しながら、その知識をスピーキングに結びつける練習ができます。

ボソしゃべりながら歩いても、誰も見向きもしません。★

こういう地道な練習はジワリと効いてきます。また、特別に勉強時間を確保する必要がないので、何気に続けられるものです。1日中やってると発狂しますから(体験談)、自分のルールを決めて、「帰り道だけ」「電車の中だけ」「CMの間だけ」と限定するのが続けるコツです。

ちなみに「特別に勉強時間を確保しなくていい」方法では、LINEを使うこともでき、これが非常に優れています。LINEの公式アカウント「LINE英語通訳」★を友だち登録し、普通に日本語を打ち込めば、一瞬で英語翻訳されて返信が来るサービスです。かなり手軽に使え、正確さもなかなかです。LINEする時間に一緒に英語の勉強ができてしまいます。

**今日からは…**

**スピーキングの力は読み書きの力を土台に、「英語の瞬発力」をつけて伸ばそう!**

★もし人の目が気になる場合は、スマホを出して英語で話してるフリしましょう。あら、カッコいい。

★LINE英語通訳
(LINE株式会社)

LINE英語通訳

ボクの事務所では、このアカウントをスタッフとのグループラインのメンバーに入れています。発言がすべて英訳されるので、「連絡+英語の勉強」が同時にできます。

5
# 声の大きさが伝わりやすさを決める

## ★ネイティブもしょせんひとりの人間

英語のネイティブといっても普通の人間です。みなさんのほうがくわしい分野が山ほどあるはずです。

英語と同時に日本語の本もたくさん読んで、知識を増やし、思考力を鍛えてください。**英語ペラペラでも、話す内容が「あれおいしい」「これきれい」だけではもったいない**ですからね。

「これは自分のほうがくわしい」という分野があると、ムダにネイティブに劣等感を抱くことがなくなり、自信にもなります。「何もない（涙）」なんて言う人も、仕事や趣味、興味から考えれば、何かしらあるはずです。★

★折り紙やあやとりでも十分です。海外では大絶賛されるかもしれませんよ。

英語でそれを語ってみましょう。

**英語が通じない原因のひとつに「声が小さいだけ」ってのもあります。**自信がないと小声になったり、語尾がボソボソしたりします。声が小さいだけなのに、"What?"みたいな顔をされると、もう自信喪失……。これって、すごくもったいないですよね。

ですから、まずは大きな声で話してみる。これだけで通じる可能性は増えますし、自信も出てきます。根拠のない自信って、結構大事ですよ。

今日からは…

**英語を話すときは、少しだけ声を大きくしてみよう!**

おまけに、外国人ってもともと声が大きい人が多いような気がします。日本でも、電車の中で大声で話す外国人を見たことがあると思います。

# Part 5のまとめ

- ☑ 英文は「子どもに説明する」発想で書いてみる。
- ☑ 理屈から攻めればキモチのこもった会話になる。
- ☑ 単語が出てこないときは、会話相手を利用 or 英語で間を持たせる。
- ☑ スピーキングは読み書きの力と「英語の瞬発力」で伸ばす。
- ☑ 物おじせずに大きな声で話してみる。

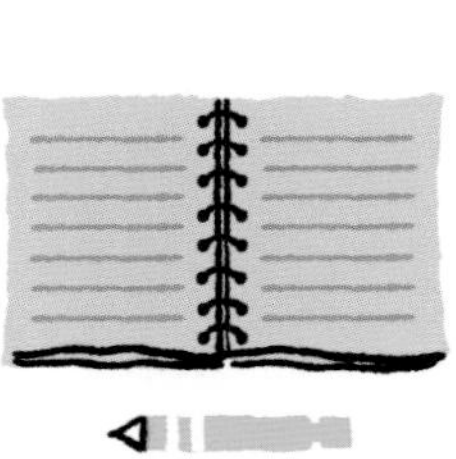

Part 6

# プロ講師の「学習ツール活用法」

「若いころにフランス語を勉強したの。外国語ってホント難しいわ。
でも、少しでもできるようになるのは楽しかったね」

ケアンズ（オーストラリア）の気品ある絵画商のおばあちゃん

# ① 本に書いてあることがなかなか覚えられない理由

## ★参考書がなかなか覚えられない……

クイズです。どっちがよい説明でしょう？

①「discuss は後に about を取らない。discuss about the plan はダメ」

②「discuss 名詞 が正しい形。discuss the plan が正しい形」

世間の参考書では圧倒的に①の説明が多いんです。

「discuss は後に about を取らない」なんて覚えちゃうと、かえって discuss と about がセットで頭に焼きついてしまいます。★

この説明では「なかなか覚えられない」というのも当たり前です。決し

---

★歯科医院にて。

医師「『すみません』と言いなさい。『すいません』じゃないぞ。『すいません』はダメだ」

受付の人「はい、すいません」

……というコントのようなやりとりを見たことがあります。NGフレーズが頭に焼きついちゃったんですね。

て「記憶力が悪い」のではありません。

ボクは②の説明が理想だと思います。"discuss the plan"って10回つぶやく。

頭の中に"about"なんてジャマ者が入るスキはありません！

こういう習慣をつけておけば、いざ英文を使うときになって「アレ、どっちだっけ？」なんてことにはなりません。

参考書の取り組み方（暗記の方法）を変えれば、記憶の定着率は絶対によくなります。これからは、①のような説明に出合ったら、**自分で「正しい形で頭に入れる」**ようにしてください。

## ★人の10倍英語に触れるコツ

もちろん、何度もやらないと忘れます。

忘れることは当たり前のことであって、自分の脳が正常な証拠です。

その場で何回でもしつこく口ずさんでください。

“discuss the plan”って10回つぶやいても10秒かかりません。

人の10倍英語を勉強するのはムリですが、**ちょっとした心がけで10倍の英語に触れることは可能**なんです！

ぜひ「その場で、何度も」繰り返してください★!!

そして、声に出してください。ボソボソでも十分です。暗記というのはインプットだけでは効果は薄く、**アウトプットするときに効果が出る**ものなんです。小学生のとき九九を覚えたけなげさで、何度も何度も口ずさんでくださいね。

## 今日からは…

**覚えるためのコツは「正しい形を、その場で10回、声に出して」繰り返す！**

★ボクが覚えるときはホントに10回繰り返しますし、予備校の生徒にも必ず「教室で」やらせていました。

## 記憶を正しく定着させる方法

### ①正しい形で頭に入れる

### ②その場で10回つぶやく

覚えるためのコツは、
「正しい形を、その場で10回、声に出して」

## 2 参考書・問題集は一気にやって、繰り返す

### ★本は買ったその日が一番テンション高い

参考書・問題集は買ってきたその日が一番テンションが高いものです。

ですから、**一番ノリノリで読めてしまうその日のうちに、できるだけ進むべき**です。

ところが多くの人が「毎日5ページずつ。今日は5ページ読んだから、残りはまた明日」と考えてしまいます。

もったいないんです。

コツコツやってると、10日もすればテンションが下がってしまうかもし

れません。最初に飛ばしておけば、少しとはいえ貯金になりますし、全体像が把握できます。そして何よりも、学習に「勢い」がつくんです。

「勉強はコツコツやるもの」★という固定観念を捨てて、本を買ったときのなんとも言えない初々《ういうい》しい気持ちを大いに利用してください。

## ★参考書はどんどん読み進める！ そして繰り返す！

最初に厳しい現実を話しますが、**参考書・問題集というのは1回では絶対に身につきません。最低3回、できれば5回やってはじめて身につくもの**なんです。これが現実です。

そこを誤解している人が多いので、「2回もやったのに、全然できない（涙）」、さらには「自分には向かないかも」なんて思っちゃうんです。

とにかく最初にトバしまくる。1単元を一気に最後まで読んでください。

たとえば「不定詞」を勉強するなら、スピードを持って全部読んでしまい

★ ツコツやる」のは神ワザです。それより「一気に進める」ほうが、結果的にラクです。

ましょう。細かいところは覚えなくてもＯＫです。**マーカーを引く時間があれば、1行でも先を読みましょう。**

参考書というのは1回目が一番大変です。2回目からじっくり読み進めていけばＯＫです。一度ざっと読んでしまえば、2回目はスムーズに読み進められるはずです。まずは1回、気楽に読んでみましょう！

## ★人と差がつく問題集のやり方

問題集も参考書同様、1単元（1章）を一気にやってください。コツコツやるより全体像が把握できますし、勢いがつきます。

まず1回目は実力チェックのつもりで。

正解した問題も解説を読んでください。すでに知っていて、自信があるものはそのまま「無印」で。この問題は永久にやる必要はありません。

不正解だったものには大きく○印でチェックしておきましょう。

また、正解はしたものの、なんとなくで解いたり、時間がたてば忘れそうなものには△をつけます。

1回目は「無印」はほとんどないのが普通です。ガッカリしてるヒマはありません。次の問題に取りかかって、とにかく1回目を終わらせましょう。

差がつくのはここからです！

2回目から「今度こそ正解してやる」なんて解こうとしないでください！★ それこそ同じミスを繰り返して落ち込むだけです。

1回読んだだけで、2回目からバシバシ解いていけるほど人間の頭脳はうまくできていません。

2回目からは、「問題を解く」のではなく、「解説を読む」んです！

**参考書のように解説を熟読**しましょう。

---

★多くの人が、ここを勘違いして失敗してしまうんです。

これを2回繰り返します。ここまでで合計3回やったことになります。

次に、10日間この問題集を放っておきます。

10日後にリベンジです。◯と△のついた問題に再挑戦しましょう。

正解したものは、◯印や△印に一本斜め線を入れます。できなかったものはそのまま。解説もきちんと読みましょう。すぐに思い出すはずです。

3回も読んでますからね。


そしてさらに10日後、もう1回、◯と△の問題を解きます。

前回同様、今回も解ければ逆の角度で斜め線を入れ（合計2本）、×印にします。

×がついたら、その問題は終了です。

前回できなかった問題が今回はできたり、逆に前回できたのに今回できないと斜め線は1本のままですね。×になるまで何度もやります。


これを、無印以外のすべての問題が×になるまで繰り返します。

かなり大変な作業ですが、ここまでやってはじめてマスターできるんです。確実に結果を出す生徒に「文法の問題集、何回やった?」と聞くと、「6回」「8回」「覚えてないけど10回は余裕で」といった答えばかりです。彼らは2~3回やったくらいではできないのはわかってるので、落ち込んでるヒマがあれば何度も再挑戦してるんです。★ どんどん×の数が増えていくのは結構楽しいものですよ。

## ★「何回もやると答えを覚えちゃうんだけど……」

よく「何回も問題集やると答えを覚えちゃう」という意見を聞きます。断言しますが、「答えを覚える」のは勉強ではありません！

もっとわかりやすく言うと、**勉強とは、答えを覚えることではなく「解き方を覚えること」**です。

「何回も問題集やっちゃったので『解き方』覚えちゃいました」と言われ

---

★大変なのは最初の2回だけです。やってみればわかりますが、3回目以降はかなりのスピードでこなせるようになります。

れば、ボクは「素晴らしい」と言えますが、「答えを覚えちゃったんですけど」と言われても、イジワルですが「で?」としか言いようがありません。

ぜひみなさんも、問題集に対する考え方を変えてください。「解き方を覚える」まで問題集をやり込めば、必ずできるようになります!

**今日からは…**

**本は買ったその日にできるだけ進めよう!**
**問題集は何度も何度もしつこくやること!!**

## 参考書・問題集はこう使う

### 1回目

テストのつもりで問題を解く。もちろん解説も読む。

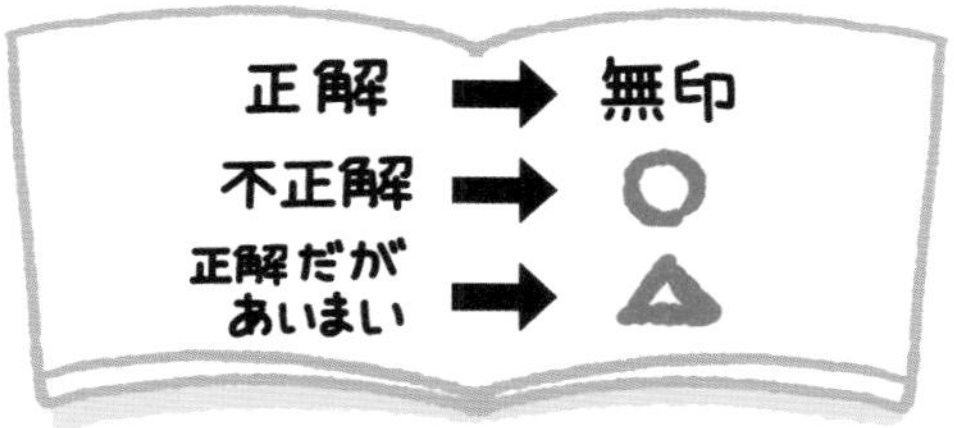


### 2〜3回目

「解く」のではなく、解説を「読む」！

### 4回目以降

1回目と同じようにテストのつもりで解く。
正解なら「斜め線」を入れ、2回正解するまで繰り返す。

# ③ いい辞書は勉強の効率をぐんと上げる

## ★やっぱりオススメは電子辞書

いまの時代、車はオートマ車が普通ですが、ボクはマニュアル車にしか乗っていません。「自分で車を動かすのが楽しい」ので、あえてムダな行動をしています。ボクにとって車は娯楽だからです。

「紙の辞書をひくのが楽しい」というのは、ボクにとってのマニュアル車に似ています。だからその楽しみはボクにもわかります。

でも「そこに楽しみを見いだせない」「そんな時間はない」という人は、電子辞書を使えば大幅に時間を節約できます。★また、スマホの辞書アプリ

---

★マニュアル車が好きなボクも、辞書に関しては紙より「電子辞書」をオススメします。

もあるので、それで問題なければかまいません。ただ、英語を本気で勉強しようと思うのであれば電子辞書も検討してみてください。スマホより見やすいですし、単語を調べるつもりでついスマホを取り出してみたら、いつの間にかスマホをいじっていた……なんてこともなくなります。

## ★電子辞書をオススメする理由

### ◆スピードが格段に違う！

とにかく速い！　**速いことで勉強中のストレスが激減する**はずです。

### ◆発音が聞ける

正しい発音を聞きながら、単語のスペルと発音記号を同時に眺めることで、単語がアタマに染み渡ります。

ボクが電子辞書をすすめる最大の理由がこれです。

## ◆持ち運びが便利

紙の辞書を何冊も持ち歩くのは苦痛です。電子辞書なら持ち運びが苦にならず、その場ですぐに確認できます。疑問に思ったときは「脳が英語を欲してる」ときです。あとで調べるより、**吸収力が全然違ってきます。**

## ◆ジャンプ機能

例文の中に知らない単語があるときに「ジャンプ機能」★を使えば一瞬でその単語に飛べます。英英辞典が搭載されていれば、**英和でひいた単語を英英辞典で確認することも一瞬**です。

## ◆履歴と登録機能

「履歴（ヒストリー）」★で調べた単語の履歴が残ったり、大事な単語だけを「登録」したりすることができます。

---

★**い**きなり英英辞典を使うのは大変ですから、「ジャンプ機能」で気軽に英英辞典に触れてみることをオススメします。

★**勉**強に飽きたとき電子辞書の「履歴」「登録」を見返して復習するのもオススメです。

## ★世間で言われる電子辞書のデメリットについて

「紙の辞書に比べての電子辞書のデメリット」について、ボクなりの考えをお話しします。

### ◆「ほかの単語が目に入ったとき、寄り道ができない」について

寄り道すると勉強が進みません！

多くの英語の先生が、紙の辞書なら「ほかの単語も目に入って寄り道できる」と言いますが、**「寄り道をすると勉強そのものが進まず、最後は英語ギライになる」人が増えます。**

### ◆「値段、高っ！」について

相場は2万円前後ですが、何冊もの辞書を搭載して、何よりも「学習効率が上がる、時間が買える」ので、実はかなりお得だと思います。

### ◆「画面が見づらい」について

予備校で生徒の辞書をのぞき込むと、これがなぜか10代のくせにやたら文字がデカイんです。★ 1段階小さくするだけで視認性が上がりますよ。

みなさんも、いまお使いの文字サイズを1段階小さくしてみてください。時間がたてばすぐ慣れます。スクロールする手間と時間がカットできますので、さらに学習効率が上がるはずです。

## ★オススメの機種・買うときのチェックポイントは？

一般学習者向けのオススメはカシオの「EX-word」シリーズです。ほかにもいろんなモデルがありますので、店頭で実際に触って確認してみてください。チェックポイントは次の2つです。

### ◆検索スピードを確認

スペルをババッと素早く打ち込むと、たまにキーが反応しないものもあ

★授業中ボクがのぞき込んだ瞬間、気を使ったのか、文字サイズをさらに大きくしてくれた女の子がいましたが、なんか悲しい気持ちになりました。

ります。店頭で実際に手に取って確認するのがベストです。

### ◆「例文完全収録」が絶対

英語学習には例文が必要ですので、学習用英和辞典（『ジーニアス英和辞典』など）が一字一句もらさず取り込まれた「完全収録」が最低条件です。2万円前後で売っているものが妥当です。

## ★紙の辞書でオススメは？

「紙の辞書か電子辞書か？」は最終的には「自分の好み」ですから、「私は紙派」という考えも十分アリです。紙の辞書は「マニュアル車」ですから、不便なことも多いですが、「独特の楽しみ」を感じることもあるはずです。

また、ほとんどの電子辞書に『ジーニアス英和辞典』が収録されているので、これでピンとこないときに、やさしめの紙の辞書を使うのもオスス

★2 000円ぐらいの電子辞書もありますが、単語の意味が表示されるだけで、例文がないと思います。

メです。

英和なら『ライトハウス英和辞典』★、和英は『ライトハウス和英辞典』★が初心者から上級者まで十分使えます。

## ★英英辞典は使うべき？

英英辞典をすすめてくる先生もいると思います。

でも、ムリに英英辞典を使う必要はありません！

かなりの英語力がないと、英英を使うのは苦痛です。むしろ、**ムリに英英辞典を使って、勉強が空回りして膨大な時間を失うほうが問題**★です。

もし興味があれば、電子辞書のジャンプ機能を使う方法（178ページ）が一番オススメです。あくまで最初は気軽に「ひとつのオプション」ぐらいに考えたほうがいいと思います。

使う場合、入門用のオススメは『Longman Dictionary of Contemporary

---

★
**『ライトハウス英和辞典 第6版』**

**『ライトハウス和英辞典 第5版』**（研究社）

やさしい例文と便利なまとめが特長。ボクは高校1年のときから10年間使い倒しました。慶應大学文学部の入試は「辞書持ち込み可能」なので、当日持ち込んだボクの戦友です。

★ボク個人の場合も、英英辞典を使うようになったのは、大学を卒業して3年以上たってからです。

English 6th Edition（ロングマン現代英英辞典）』★です。

辞書はあくまで手段であり道具です。ミュージシャンの楽器であり、ドラえもんの道具であり、ドラクエの武器です。**いい道具はみなさんの勉強をラクにしてくれます。**みなさんは「英語学習のプロ」です。プロだからこそ、いい道具で、いい仕事をしてくださいね。

## 今日からは…

**一般の学習者には、やっぱり電子辞書がオススメ。勉強時間を一気に短縮しよう！**

---

★『Longman Dictionary of Contemporary English 6th Edition』（Pearson Education）

わかりやすい例文でオススメです。多くの電子辞書にも収録されています。

## ④ ネイティブ講師には自分から指示を出す

### ★英会話学校で効果を上げるコツは？

この本は独学が前提で、ボク自身すべて「国内・独学」で勉強してきた経験と自負がありますので、積極的にスクールをすすめることはありません。しかし、よりたくさんの人に役立つ本にしたいと思い、このページを書くために、今回複数の英会話学校で授業を受けてきました。★

さて本題ですが、「独学で英語はできる」という持論はまったく変わっていませんが、**「最初から明確な目的があって、アウトプットの場」と考えるならばスクールも有効**だと思います。

★普段は教えてる立場なので、生徒になるのはすごく新鮮でした。

「明確な目的」とは、たとえば「英語でプレゼンをする」「英検の二次対策」などです。漠然とフリートークや時事ネタを話し合ってるだけだと、体系立った学習にはならないので、あまり力はつきません。その場で覚えたことを「ほかの場面でどう応用すればいいのか」という視点がないからです。

グループレッスンの場合、自分の目標に合わないときはスパッと切り替える必要がありますし、マンツーマンなら、**講師がドン引きするくらいしっかり準備**して「まずは発音を直したい」「時制を正確に使いたい。時制だけチェックして」「英語で電話がかかってきたとき対応できるようにしたい」「こういうプレゼンをしたい」「ブランドショップで買い物したい」と言いながら、自分で持ち込んだ教材や動画を見せるべきです。

ここまでやらないとネイティブ講師には絶対伝わりません。

こちらが明確に目的を示さないと、英字新聞でトークをしながら、単語の意味をなぞるだけだったり、やたらほめるだけだったり、「円高についてどう思う」と聞くので、ボクが「まずはあなたの意見を聞きたい」と言ったら逆ギレされたり……。

正直、「おまかせのレッスン」で体系立って教えられる講師には出会えませんでした（かなり高額な学校です）。

スクールに通うならば、「教わる」という姿勢ではなく、**「ネイティブを利用する」という姿勢のほうがうまくいく**というのがボクの感想です。

## ★気軽で安い、スカイプでの自宅レッスンを受けるのもアリ

スクールに通わなくても、スマホやタブレットなどを使って自宅で英会話をする方法もあります。自宅なのでラクですし、料金も安いというメリットもあります。まずは無料体験レッスンを受けてみてください。一番気軽に始められるのがこのタイプの英会話だと思います。

オススメは、「hanaso」★です。多くの会社が市販の教材を使用する中、

---

★
hanaso
https://www.hanaso.jp/
（株式会社アンフープ）

hanaso のオリジナル教材はこの10年間、すべてボクが監修しているので、どれほど使いやすく、役立つ教材か、そして何よりスタッフたちの「英語を話せるようにしよう」というアツい志をボクは知っています。本当にオススメですよ。

10年ほどかけてオリジナル教材を大量に制作しているところにポリシーを感じます。
また、日常英会話だけでなく、ビジネス英会話、おもてなし英会話など、種類も豊富です。一度トライしてみてください。
また、こういったオンライン英会話は、子どもをあやしながらでもできるので、家族を巻き込むのも楽しいですよ。

**今日からは…**

**ネイティブの講師には、相手がドン引きするくらい準備して、こちらから指示を出そう！**

# Part 6のまとめ

☑ 参考書は「正しい形を、その場で10回、声に出して」繰り返す。

☑ 問題集は「解き方」を覚えるまでやり込む。

☑ 電子辞書で勉強時間を短縮する。

☑ ネイティブ講師には、こちらから指示を出す。

Part 7

# 基礎トレーニング後の「英語の試験対策」

「幸せに生きるために英語が
必要だった。だから必死でやったよ」

ハノイ（ベトナム）のホテルマン

# 1 資格試験には、とりあえず申し込む

★「実力がついてから」では永久に試験を受けられない

学校の試験から逃げることはできませんが、大人になってから受ける英語の試験からは、いくらでも逃げることができます。「仕事が忙しい」など逃げるための言いわけもいくらでもあるものです。

だからこそ、「力がついてから」「いまの実力で受けても受験料がもったいない」なんて言ってると、何年たっても試験を受ける日はやってきません。そのうち英語そのものへのモチベーションが下がってしまう……。

ここで自分の意志の弱さを責める必要はありません。

## 今日からは…

さっさと申し込みを済ませて、自分を追い込んでしまえばいいわけです。申し込みをすれば、少なくとも1週間前からは勉強するでしょう。でも申し込まなければ、一生勉強しないかもしれません。

思い切って行動すれば、意外とイケちゃうもんですよ。

ネットで申し込めば10分後には「清々《すがすが》しいヤル気」が出てくるはずです。**「ヤル気が出たら、試験を受ける」のではなく、「試験を受けるから、ヤル気が出る」**んです。いますぐ行動に移しましょう。

**「受けようかな」と思った瞬間に、まず申し込もう！**

ボクは普段から「すぐ行動を起こす」ことを重視しています。以前、予備校で「英作文が不安」という生徒に、「授業中に」予備校の隣にある書店へオススメ本を買いに行かせたこともあるくらいです（めでたく第一志望の慶應に受かりました）。

# ②知っておきたい試験中のささいな話

## ★試験会場の様子を知りたい！

書店に行けば、ＴＯＥＩＣの対策本は星の数ほどあります。でも、形式的な説明はあるものの、「ナマの体験談」はほとんど書かれていない気がします。

ここでは、ボクが体験した「ささいなことなんだけど、知っておいたほうがいいこと」をお話しします。ＴＯＥＩＣテストの会場でのことを中心に書きますが、どの試験を受けるにせよ役に立つと思います。

まず試験会場へは、予定より**20分は早く着くようにし**てください。

会場が大学の場合、キャンパスがやたら広いんです。門をくぐってから教室に着くまで、15分ぐらいかかることもよくあります。

TOEICの会場は座席が決まっていますので、遅く行っても自分の席は空いてますが、周りに気を使って「後ろすみません」とか言いながら移動するのはストレスです。早く着いて英語のウォーミングアップをしていましょう。★

英検の場合、座席は早い者順ですので、早く行ってスピーカーの近くや、自分の好きな席を確保しましょう。

## ★試験中には「あえて」休憩を入れる

どんな集中力の持ち主であれ、2時間の試験で、ずっと猛ダッシュで英語を読めるものではありません。

ボクの場合、いろんな問題が出てくる英検の試験はさほど苦になりませ

★実際どの会場でも、リスニングしたりストレッチしたり軽く食事をしたりしてる人が必ずいます。

んが、同じような問題が続き、しかも内容が単調なＴＯＥＩＣは苦痛です。★

そんなときに自分なりのリフレッシュ方法があると、うまく集中力を保てます。「1分休憩」と称して目を閉じたり（ボクは机に突っ伏してしまいます）、目薬を差したり。これでだいぶ変わります。

試験中は「時間との戦い」とはいえ、思い切って1分休んだほうが、かえって集中力が上がると思います。いきなり本番でやるのは無謀ですから、本番前に練習で試してみてください。

## ★トラブルは「起こるもの」と思っておく

本番中はいくら「スマホの電源は切る」とはいっても、くしゃみ、物が落ちた音、隣の人の貧乏ゆすり、救急車のサイレン、騒音などのトラブルは十分考えられます。いや、ＴＯＥＩＣをほぼ毎回受験しているボクに言

★「飛行機が遅れた」とか「在庫切らした」とか。

わせれば、**何ひとつトラブルがないってことのほうがめずらしい**★かもしれません。

「トラブルは当然起こるもの」と考えて、涼しい顔して英語に集中する図太さが必要です。

性格にもよりますが、隣の人が音を立てたとき、そこでカチンときてしまうと試験に集中できず、ただただリスニングの英語だけが放送されていく……、といった事態に陥ります。

普段の勉強から、**何があっても「英語から目と耳を離さない」姿勢**を貫いてください！

音だけでなく、暑さ・寒さ対策も重要です。いままで１００カ所以上の試験会場を経験しましたが、夏の間は毎回クーラーが効きすぎてやたら寒いです。★真夏の試験でもボクは必ず上着を持っていきます。

---

★ボクの経験では、リスニング中に「セミが鳴き始めた」ことがあります。

★隣で女子大生が鼻水たらしながら問題を解いてるときなんて、かわいそうでなりませんでした。

夏場は上着を用意し、冬場は半そでになれる格好で（暑すぎるときを想定して）臨んでください。

## ★ラスト30分は壮絶な体力勝負

TOEICは2時間という長丁場。英語だけじゃなく「体力勝負」でもあります。試験開始から90分経過したころ、ふと周りの受験者を見渡すとまさに「壮絶」です。まるで何かの耐久レース★でもやってるかのような光景です。

確実に集中力が下がり、英文を読むスピードも遅くなります。ケアレスミスも出るでしょう。逆に言えば、**「英語を読み続ける体力」があれば、多少の英語力不足は十分カバーできる**わけです。これだけで30点、もしかしたら50点以上違ってくるでしょう。

ボクは普段、どんなに疲れていても英語を読まなきゃいけない環境にあ

---

★実際、耐久レースみたいなもんですが。

ります（仕事だから当たり前ですが）。

1日に90分授業を6コマこなしたあとに、東京から博多の予備校に飛行機で移動してるその最中、次の日の授業のために京都大学の難しい英文なんて、正直読みたくありません。

でも、この経験が毎回の試験で生きてくるんです。普段の環境・練習はとてつもなく大きいんです。

みなさんも普段から「疲れているときにあえて英文を読む」という練習をしてると、試験のラスト30分でものすごい威力を発揮するはずですよ！


**今日からは…**

**試験の準備はしっかり！　トラブルは必ず起きると腹をくくって、何が起きても英語に集中!!**

## ③ 英検®は「基礎力」と「度胸」で突破する

### ★最初の「語彙問題」が全然できない……

2級は「高校卒業レベル」と言われており、Part2 の基礎トレーニングをきっちりやれば必ず取れるレベルですので、まずはこれを目標にしましょう。まったくの初心者なら「3級」と「準2級」を当日ダブル受検するのがオススメです。

英検はどの級でも最初の「語彙問題」がやたら難しいのですが、2級までなら、遅かれ早かれいつかは必ずマスターすべき語彙しか出てきません。よく「語彙問題を落としても、長文などで稼げば受かる」とアドバイス

---

★
**『出る順で最短合格！ 英検®○級 単熟語EX』（ジャパンタイムズ&ロゴポート・編／ジャパンタイムズ出版）**

レイアウトも見やすく、例文が短いので「単語を覚えることに集中できる」というのがこの本のメリットです。音声もついてますので、何度も聞き込んでください。

されますが、**英検2級の語彙力がないと後々苦労します。**「語彙で受かる」という気持ちで受けるべきです。英検の単語帳には、どの級でも『出る順で最短合格！英検®○級　単熟語EX★』がオススメです。

また、英検の語彙問題攻略に便利なアプリとして、「英検®○級　でた単　完全版★」という、英検に特化した単語を覚えるアプリもあります。英検の過去問で出題された語彙を網羅しており、試験が行われるたびに単語が追加されていきます。

## ★まずは対策本。でも、そればかりだと伸び悩む

実際に英検を受検すると決めたら、まずは対策本をやってみましょう。真剣にやるほうがいいのですが、「まだまだ手が出ない」という場合は、20分くらいかけて雰囲気だけでも感じ取ってください。最終的にどんな感じの英文を処理していくのかを知るためで、これはこれで大事な作業です。

★
**英検®○級　でた単　完全版**
（iPhone、iPadのみ）

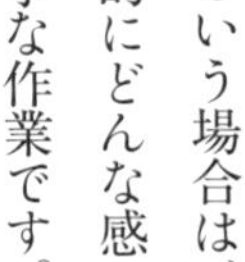


単語帳を覚えた後に、テスト形式でチェックする（単語が出て、その意味を4択から答えていく）ことができます。気分転換しながら確認できますよ。

語彙問題で確実にヘコみますが、誰もが経験することですから気にしなくて大丈夫です。たくさんの人が合格していますし、みなさんには単語の習得方法は Part2 で解説していますので、その方法で英検の語彙問題を乗り切ってください。対策本のオススメは『CD付 世界一わかりやすい 英検® ○級に合格する授業』★です。

いきなり過去問ばかりやる人も多いのですが、あまりオススメしません。実践演習だけやっても、(最初は少し伸びますが) 絶対、あとになって伸び悩むときがくるからです。たとえば、スポーツでも練習試合ばかりやってれば少しは伸びるでしょうが、とても効率的な練習とは言えませんよね。基礎トレーニングが必要です。

ですから、**Part2～5 の基礎トレーニングをしっかりやってほしい**んです。それをこなしたら (これが大変なわけですが、あせらずしっかりこなしてくださいね)、今度は本格的に過去問にトライします。

★
『CD付 世界一わかりやすい　英検®○級に合格する授業』(関正生、竹内健／KADOKAWA)

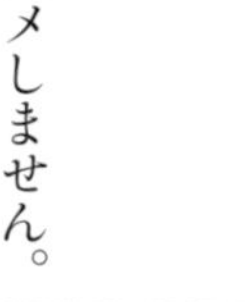


単にその問題の解説をするだけではなく、英語の実力がつくように、根本から説明しています。

★
『大学入試 肘井学の ゼロから英語長文が面白いほどわかる本 音声ダウンロード付』
(肘井学／KADOKAWA)

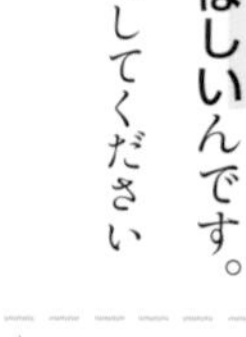


良質の大学受験問題集は「読み方」と「解き方」をきちんと説明してくれます。

たぶんスムーズに解けるはずです。ただし正解率が悪い場合（2級は50%以下、準1・1級は60%以下）、基礎トレーニングか語彙がまだまだ足りないので、過去問はいったん置いておきましょう。

ここでは、英語力の底上げを図るために、大学受験の問題集をやるのがオススメです。読解問題が苦手なら『大学入試 肘井学の ゼロから英語長文が面白いほどわかる本 音声ダウンロード付★』、英作文なら『大学入試 肘井学の 作文のための英文法が面白いほどわかる本 音声ダウンロード付き★』です。

リスニングとスピーキング（二次の面接）に関しても、筆記試験の対策と同じように、Part2の基礎トレーニングをひたすらこなしてください。その後に過去問です。過去問3回分をすべて完璧にシャドーイングできるようになるまでやり込んでください。満点だって狙えるようになりますし、二次のスピーキングにも役立つはずです。

---

★
**『大学入試 肘井学の 作文のための英文法が面白いほどわかる本 音声ダウンロード付き』**

（肘井学／KADOKAWA）
文法をきっちりと確認しながら英作文を進めていけるので、どこが弱点なのかハッキリとわかります。

## ★二次試験の「面接」で大事なことは?

**二次試験の面接で一番大事なことは「度胸」**です。

「スピーキングは苦手で……」なんて心配はいりません。一次試験に合格する英語力があるんですから!

「面接」なんて言われちゃうと、「審査されている……」という意識が働いてしまいますが、みなさんは受検料を払ってる「お客」なんです!

もっと堂々と**「英語で雑談する」というイメージ**を持ってください。

そして、とにかくしゃべること。

いざ面接になると「正しい英語だけを話さなきゃ」と思ってしまいますが、日本語の面接だって、言い間違い、勘違い、言わなきゃよかった余計なことってあるはずです。英語の面接でノーミスなんてありえません。うまく言えなかったところは、次にフォローすれば十分ですし、ひとつの質問に対して、普段のおしゃべりと同じように、2つでも3つでも返したほうが、絶対にうまくいきます。

とにかくしゃべる。

わからなかったら、それを伝える。考えているなら、それを伝える。とにかく黙ってしまうことが一番マズイんです。

採点基準の"attitude"という項目は、間違っても「態度（行儀）」のことではなく、**「コミュニケーションを図ろうとする態度」**のことです。

ですから「何があっても伝える」という姿勢が超重要なんです（なぜかこのことはあまり教えられません）。ジェスチャーも使ってください。

とにかく「面接・試験」ではなく、「英語好きのオジさん・オバさんと雑談する10分」だと思って臨んでください！

また、英検のウェブサイトに「バーチャル二次試験／バーチャルスピー

★「態度」と訳されるので、多くの人が「礼儀正しくしなきゃ減点される」と思ってしまうんです。

★英検®のウェブサイト（バーチャル二次試験）
https://www.eiken.or.jp/eiken/exam/virtual
これを見ておくと本番で安心できるはずです。二次試験の流れがイラストでわかりやすく説明されています。

キングテスト」というページがあり、これがかなり参考になります。受検者は必ずチェックしてください。

今日からは…

**英検®は実力チェックにはもってこい！**
**まずは2級を目指そう‼**

※英検®は、公益財団法人 日本英語検定協会の登録商標です。
※このコンテンツは、公益財団法人 日本英語検定協会の承認や推奨、その他の検討を受けたものではありません。

## 英検®、何級を受けるべき？

### ①初めて・久しぶりの人

初心者 → 「3級」と「準2級」をダブル受検！

中級者 → 「2級」を目指す！

### ②2級をクリアした人

英検は苦にならない or 仕事で英語を使う → 「準1級」を目指す！

それ以外 → TOEICなど別の試験へ or 資格試験は卒業！

# 4 TOEIC®テストってどんな試験？

## ★TOEIC®って何？

英語の資格試験のひとつで、英検と並んでメジャーな試験です。具体的な内容としては、**海外での「日常生活」と「ビジネス」に必要な英語力**を測るテストです。

普通に大学受験などをしてきた人にとって、日常で使う単語（たとえばcurb「道路の縁石」）や、ビジネスで使う単語（たとえばlaunch「（事業を）始める」）などがやっかいだと思います。

## ★どんな種類があるの？

試験にはいくつかの種類があり、「聞く・読む」力を測る、TOEIC Listening & Reading Test（990点満点、以下TOEIC L&R）と、「話す・書く」力を測るTOEIC Speaking & Writing Test（400点満点、以下TOEIC S&W）があります。

一般に「TOEICのスコア」というときは、前者（TOEIC L&R）を指すのが普通です。リスニングとリーディング各100問（合計200問）で、それぞれ最高495点（合計990点満点）です。

TOEICは実施回や各テストの難易度でスコアが左右されないように、統計処理でスコアが算出されていると言われています（つまり1問5点のような計算ではありません）。

さらに、そのTOEIC L&Rには受験形態が2種類あり、公開テスト（個人で申し込むもの）と、ＩＰテスト（学校・職場での団体受験）の２つです。
ＩＰテストには過去に公開テストで使われた問題がそのまま丸ごと使われます。★
また、英語学習初中級者向けに、難易度が下がり、問題数も少ないTOEIC Bridgeというテストもあります。

## ★いつ・どこでやってるの？

ＴＯＥＩＣ　L&Rは年10回（毎月開催、ただし2月と8月を除く）で、日曜日の13時～15時に行われます。★
場所は全国約80都市で実施されます。会場は大学や貸会議室などの教室が使われます。ちなみに、世界共通のテストなので、韓国・フィリピン・スペイン・アメリカなど様々な国で受験することができます。

★こう言うと、「じゃあ一度受けた問題と同じものに出合うことも？」と思う人もいますが、過去の出題だけでも膨大にあるので、サハラ砂漠で知り合いに会うくらいの確率です。

★受験料は、6490円（税込み）です。「え、そんなだっけ？」と思う人も多いでしょうが、2020年4月に変更されたためです。

## ★どういう人が受けるの？

ボクがいままで受けた会場を見渡すと、大学生が50%、20代～30歳前後の人が30%、残りの20%は35歳以上の人という感じでしょうか。男女比は、男性6割のイメージです。

大学生の場合、学校で受験が必須だったり、就職活動でスコアを要求されたりすることがあるでしょう。

社会人は昇進条件に一定のスコアを求められる場合があるので、そういった方にはTOEICの勉強が必要となります。

★なぜか会場全体に男性しかいないことが2回ありました。

★とある有名企業は、一定のスコアを出さないと内定取り消しというところもあります。

今日からは…

**TOEIC®は「日常生活」と「ビジネス」の英語！**

# 5 世の中にたくさんあるTOEIC®本のオススメはコレ！

## ★好み優先、でも問題少なめ・解説多めの本を

10年前は、該当箇所を言うだけで無味乾燥な対策本が多かったのですが、この10年で使いやすいものや実際にどんな問題が出るのかを説明してくれる本が増えたと思います。

しっかり解説してくれる本がいいのか、解説は必要最小限でどんどん問題を解きたいのか、対話調で書かれている本がいいのかといったことは好みですが、やはりTOEICのスコアで苦しむ人は、基本がわかっていないことによる失点が多いので、「自分の好みよりも、問題は少なめ・解説

★

**『マンガで攻略！はじめてのTOEIC®テスト 全パート対策』**（濵崎潤之輔／西東社）

安易なマンガ本とは違って、しっかりと・深く・ユニークにTOEICの問題を説明してくれます。なかには試験中の呼吸法まで書いてあることもあり、気軽に全体像と基本を理解することができます。

は多め」のものがいいと思います。つまりやみくもに問題をこなすのではなく、**取り組んだ問題はじっくり理解して頭と体に染み込ませる**ようなイメージです。

まず最初に手に取るオススメ本としては、TOEIC全体の様子を気軽に知りたいなら『マンガで攻略！ はじめてのTOEIC®テスト 全パート対策』★を、また、「とりあえず単語から」というのであれば、『世界一わかりやすい TOEIC®テストの英単語』★をチェックしてみてください。

## ★Speaking & Writing 対策

TOEIC S&Wは、TOEIC L&Rを土台にしてください。同じTOEICテストであり、素材は同じものが多い（それを読み書きする）ので、当然、TOEIC L&Rの勉強が土台になります。

それに加えて、普段から音読・シャドーイングなど、この本で紹介した勉強法を続ければしっかりスコアが出るはずです。

---

★
**『世界一わかりやすい TOEIC®テストの英単語』**（関正生／KADOKAWA）

見出し語すべてに、覚えやすくなる解説や実際にどう出るのかなどのコメントをつけました。単語を覚える効率がまるで変わってくるはずです。

対策本としては、『TOEIC® SPEAKINGテスト 問題集 新形式完全対応版』★と『TOEIC® WRITINGテスト問題集』★がオススメです。少し難しい部分もありますが、TOEIC S&Wに対抗するにはこれくらいを目指してほしいと思います。

## 今日からは…

**TOEIC®対策本は、好みより「問題少なめ・解説多め」を選ぶ！**

---

★
**『TOEIC® WRITING テスト問題集』（ロバート・ヒルキ、英語便／研究社）**

ライティング試験でよく使う表現や例文が豊富で、アドバイスも的確です。模擬テストも5セット分収録。

★
**『TOEIC® SPEAKING テスト問題集 新形式完全対応版』（ロバート・ヒルキ、デイビッド・セイン／研究社）**

スピーキング試験でよく使う表現や例文が豊富。また、模擬テストが6セット分収録されており、演習問題をたくさんこなせます。

# 6 留学希望者のための試験、TOEFL®・IELTS

## ★TOEFL®・IELTSってどんな試験？

TOEFL《トーフル》・IELTS《アイエルツ》は留学するために必要とされる試験で、おもにアメリカ・カナダの大学ならTOEFL★、イギリス・オーストラリアならIELTSです（どちらの試験でもOKという大学も増えてます）。

留学のために受ける人が多いので、試験自体にも気合が入ってます。学術的な内容が多く、将来海外の大学でしっかりと論文が読み込める素質を試されます。TOEFLもIELTSも約3時間の試験です。泣けてきます。

★TOEFLにはいくつか種類がありますが、現在、個人で受験できるのはiBT（Internet-based Test）です。かつてはPBT（Paper-based Test）やCBT（Computer-based Test）というものがありましたが、全部点数が違うのがメンドくさいんです（満点はiBT120点／PBT677点／CBT300点）。また、団体受験はITP（Institutional Testing Program）と言われます。これは過去のPBTを再利用する試験です。個人で申し込む場合には関係ないです。

## ★まずは入門書から読む

書店のTOEFL・IELTSコーナーに行くと、並んでいる本は驚くほど少ないです。大型書店でもTOEFLは棚2つ分、IELTSにいたっては棚半分もありません。ですから丸1日、気合で書店にある本を全部自分の目でチェックしてから買うこともできますが、個人的にオススメするのはTOEFLなら『はじめてのTOEFL®テスト完全対策CD付 改訂版』★、IELTSなら『IELTSブリティッシュ・カウンシル公認問題集』★です。

この試験を受ける人の目標は高く、しかも「期日までに結果を出さなきゃいけない」という方も多いでしょうが、ひたすら対策本をやる勉強法は避けたほうがいいです。「慣れ」によって一時的に点数は上がりますが、必ず壁にぶつかります。

★
**『IELTSブリティッシュ・カウンシル公認問題集』**（ブリティッシュ・カウンシル・著、旺文社・編／旺文社）

ブリティッシュ・カウンシル公認のIELTS問題集です。まずはこれを皮切りに、貪欲に対策本をこなしていってください。

★
**『はじめてのTOEFL®テスト完全対策 改訂版』**（Paul Wadden、Robert Hilke、松谷偉弘／旺文社）

解説が的確で使いやすい本です。この本で、どういう問題が出るのか体感してみてください。

少し遠回りに思えても、まずは基礎トレーニングをしっかりこなしましょう。それから**市販の対策本を片っ端から全部やる勢いが必要**です。

時間に余裕がある場合、基礎トレーニングの延長として『テーマ別英単語 ACADEMIC』★シリーズがオススメです。単語と背景知識を同時にインプットできる本です。

## 今日からは…

**まずは入門書から！　基礎トレーニングをしっかりこなし、最後は書店にある本すべてをやる気合が必要!!**

★『テーマ別英単語ACADEMIC』（中澤幸夫／Z会）

「初級・中級（人文・社会科学編／自然科学編）・上級（人文・社会科学編／自然科学編）」の中から、自分の興味・得手不得手から選べばいいでしょう。深い背景知識・美しい和訳が特長で、ただジャンル別に英文を集めた本とは明らかに一線を画す素晴らしい本です。

# 7 ビジネス英語は3つのポイントを押さえて乗り切る

## ★基礎トレがしっかりしてれば乗り切れる

ビジネス英語といっても一番大事なのは基礎トレーニングです（Part2～5参照）。スピーキングばかりやっても伸びませんので、**必ず文法からやっていくべき**です。基礎トレーニングをしっかりこなしたあと、ビジネス英語に必要なことは次の3つです。

**●ビジネス英語に必要な3要素**
**①何があっても最初に結論を言う！**
**②ビジネス特有のフレーズだけは覚える！**

ボクは企業で講演をすることもありますが、そこで話す内容は本書のPart2～5でお話ししたことです。多くのビジネスマンに「進むべき方向が見えた」という感想をいただいています。

## ③「数字」に反応できるように！

### ①何があっても最初に結論を言う！

英語の世界に限らず、日本人同士のビジネスでも「結論を先に言う」ことは大事ですが、実際かなり意識しておかないとできないものです。特に自分のほうが弱い立場だったり、言いわけしたかったりするときには、最初に結論はなかなか言えないものです。普段から「最初に結論を言う」クセをつけてください。★

### ②ビジネス特有のフレーズだけは覚える！

ビジネス英語では**ある程度決まった単語・言い回しが使い回せます。**最初の段階で頭に入れておくと後々ラクになります。また、いままでの勉強で覚えた単語が、実際のビジネスでは別の意味で使われることもよくあります。たとえば★ship はビジネスの世界では「出荷する」で使われますし、launch には「ロケットを打ち上げる」という意味もありますが、実際は「(事

★「結論」の次には「理由」を言いますが、どうせ相手が"Why?"って聞いてきますから、最初のうちは「まずは結論を言う」ってことだけ頭に入れておいてください。

★もともと「ロケットを打ち上げる」→「(ロケットで)新しい領域に突入する」→「(新しく事業を)始める」となったわけです。

業を）始める」で使われます。

ビジネス単語とよく使い回せるフレーズをマスターしたいなら『同時通訳が頭の中で一瞬でやっている英訳術リプロセシング』★と『話せる英語ドリル300文』★がオススメです。

## ③「数字」に反応できるように！

数字を英語で言われたとき、一瞬で反応できないのが日本人共通の弱点です。**"two hundred and fifty million"と言われた瞬間、パッと数字が出てこないと仕事はスムーズに進みません。**★

ボクの印象では、ほかのアジア人はやたら数字に強いのですが、日本人はかなり苦手（というより練習してない）ので、1日5分でも「英語で数字を読む→数字を頭に思い浮かべる」練習はするべきだと思います。

また、英語のプレゼンがある場合は、「最初に結論を言う」だけじゃなく、

★
『同時通訳が頭の中で一瞬でやっている英訳術リプロセシング』
（田村智子／三修社）




例文のすべてがビジネス関連です。Part 5で説明した「子どもに説明する」という発想と同じ説明なので、かなり理解しやすいはずです。

★
『話せる英語ドリル300文』
（浅場眞紀子、愛場吉子／アルク）

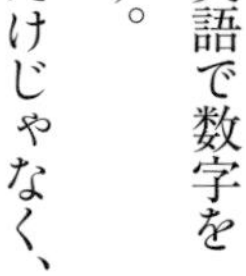


ビジネス英語の本は、理想を追求し、やたらと難しい（カッコいい）表現を紹介するものが多い中、この本はきちんと学習者目線になっているので、非常に使いやすいです。

もう少ししっかりした論理構成が必要です。

たとえば、英語話者を説得する順番（「イントロ・背景」→「目的」→「結論」→「理由」など）をきちんと頭に入れておかなければいけません。仮に英語ペラペラでも、相手を「説得」できなければプレゼンの意味がないですよね。

オススメは『CD付 英語プレゼンテーションの基本スキル グレートプレゼンターへの道』★です。

## 今日からは…

**ビジネス英語は「まず結論」「特有フレーズ」「数字の練習」で乗り切ろう！**

★ "Two hundred and fifty million"は「2億5000万」です。また、小数は「数字 point そのまま読み」です。3．14なら"three point one four"と読みます。

★『CD付 英語プレゼンテーションの基本スキル グレートプレゼンターへの道』（フィリップ・ディーン、ケビン・レイノルズ／朝日出版社）




「構成」だけじゃなく、「聞き手の分析」など、かなり細かいことまで丁寧なアドバイスがあります。自分に必要なところだけを取捨選択して使うのがベストです。プレゼン相手の国別にアドバイスがあったりするユニークな本です。

# Part 7のまとめ

- 資格試験は思い立ったらすぐに申し込む。
- 「試験中、トラブルは起きるもの」と腹をくくって英語に集中する。
- 英検®はまず2級を目指す。面接はミスしてOK、しゃべりまくる。
- TOEIC®テストは、良質の対策本で。
- TOEFL®・IELTSを受けるなら、書店の問題集を全部やる勢いで。
- ビジネス英語は「まず結論」「特有フレーズ」「数字の練習」で乗り切る。

# おわりに

たくさんある本の中から、そして何よりもネットで無料の情報があふれ返る中、この本の価値を感じ取っていただき、さらにはここまで読み進めていただき、本当にどうもありがとうございました。

本書ではたくさんの教材を紹介しましたが、ただ情報を羅列することは避けています。いろいろな情報を載せて見た目のお得感を出したところで、結局のところ英語を勉強している人にとっては、「で、どれを使えばいいの?」と迷ってしまうことになってしまうからです。そこでまたネットで調べるようでは時間のムダですし、何よりもネットの評価(不特定多数の人の判断)に委ねることになってしまいます。

この本は、いわば高級レストランのソムリエがその店のお客にだけオススメのワインを教える「厳選リスト」を目指しました。英語のプロが自分の名前に責任を持って目利きをして、それを出版という形で編集者をはじめ、多くの人の精査を受ける形でみなさんにお届けする特別な情報です。

もしかしたら、みなさんの英語の勉強自体はこれからが本番かもしれません。しかしこの本を通して、みなさんの目指すものと方向性が見えてきたのではないでしょうか。英語学習は、正直大変です。でも、ちょっとした会話が通じたとき、まったく聞き取れなかった洋画でひとつでもフレーズが聞き取れたとき、覚えた表現が実際に使われているのを見つけたとき、ＴＯＥＩＣテストのスコアが上がったとき……大小様々な「やっぱり英語って楽しいんだな」と思う瞬間があるはずです。そのときの気持ちと感動をしっかりと意識して、その後の勉強のモチベーションにつなげてください。

各Partの扉にある言葉は、私が海外でたまたま話をした人たちの言葉です。どれも「英語やっててよかったな」と思ったのをリアルに思い出せます。みなさんにとっても何かしらの刺激になればと思っています。

＊＊＊

この本が世に出るにあたっては、ＫＡＤＯＫＡＷＡの方々にお礼を申し上げます。とりわけ、城戸千奈津さんにはこの場をお借りして深く感謝いたします。改訂前の本では、企画から仕上げまで編集を担当していただき、あれから10年ほどの時を経て今回の改訂版でも編集を担当してくださいました。どうもありがとうございました。

最後に、読者のみなさまの正しい努力がきちんと結果につながることを、私は確信しています。講演会などでお会いすることがあれば「１０００単語習得法、実行した！」「本のPart○を参考にして、英語ができるようになった！」というご感想をぜひお聞かせください。

私も勉強しなきゃいけないことがヤマほどあります。同じ英語学習者として、今日からまた、お互い頑張っていきましょう！

関《せき》　正生《まさお》

関　正生（せき　まさお）

1975年東京生まれ。埼玉県立浦和高校、慶應義塾大学文学部（英米文学専攻）卒業。

TOEIC L&Rテスト990点満点取得。リクルート運営のオンライン予備校「スタディサプリ」講師。スタディサプリでの有料受講者数は年間100万人以上。

いままでの予備校では、250人教室満席、朝6時からの整理券配布、立ち見講座、１日６講座200名全講座で満席など、数々の記録を残した英語教育業界の革命児。

著書は「世界一わかりやすい授業」シリーズ、「大学入試　関正生のプラチナルール」シリーズ（以上、KADOKAWA）など累計300万部突破。またNHKラジオ「基礎英語３」テキストでのコラム連載、英語学習雑誌『CNN ENGLISH EXPRESS』での記事執筆など多数。

TSUTAYAの学習DVDランキングではトップ10を独占。

オンライン英会話スクールhanaso（株式会社アンフープ）での教材監修、社会人向けの講演など、25年以上のキャリアで磨かれた「教えるプロ」として、英語を学習する全世代に強力な影響を与えている。

カラー改訂版《かいていばん》　世界一《せかいいち》わかりやすい英語《えいご》の勉強法《べんきょうほう》

2020年６月19日　初版発行
2024年７月20日　７版発行

著者／関《せき》 正生《まさお》

発行者／山下 直久

発行／株式会社KADOKAWA
〒102-8177　東京都千代田区富士見2-13-3
電話　0570-002-301（ナビダイヤル）

印刷所／株式会社加藤文明社印刷所



●お問い合わせ
https://www.kadokawa.co.jp/（「お問い合わせ」へお進みください）
※内容によっては、お答えできない場合があります。
※サポートは日本国内のみとさせていただきます。
※Japanese text only

定価はカバーに表示してあります。


ISBN 978-4-04-604798-4　C0082